ひきこもり・ニートが幸せになるたった一つの方法

伊藤秀成

プロローグ

ひきこもり・ニートの高齢化がとまらない。なお、本書では簡潔に「無職で友達がいなければひきこもり。友達がいればニート」とする。

各地域の行政機関の調査から浮き彫りとなったひきこもりの現状は、以下の通りであると想定されている（池上正樹著『大人のひきこもり 本当は「外に出る理由」を探している人たち』参照）。

①40歳以上が半数
②7割が男性
③ひきこもり歴10年以上が3割

このような状況になるまで、行政も手をこまねいていたわけではない。

平成21年度より47都道府県および政令指定都市に設置を義務付けた「ひきこもり

地域支援センター」を軸に、様々な公共事業（地域若者サポートステーション、ジョブカフェ）が実施されている。平成25年度からは「ひきこもりサポーター養成研修、派遣事業」に予算がつき、一般の方や元ひきこもり状態にあった人たちが、ひきこもりサポーターとして支援に携わるようになっている。

つまり、ひきこもり・ニート支援は国策・公共事業として位置づけられ、多大な税金が投入され続けている。

その結果が、「現状」なのは言うまでもない。

ひきこもり・ニートについて述べようとしている僕は「元ひきこもり相談員」。公的機関の「社会的ひきこもり対策訪問専門員」として、ひきこもり状態にある本人や親御さんらと会っていた。家庭訪問をし、個別面接やグループ活動を通して関係を深め、ハローワークやメンタルクリニック等へ同行していた。

僕がそのような支援活動に従事することができたのも、公金のおかげだ。

だからこそ、ひきこもり支援の最前線で得られた知見をひきこもり・ニートや親御さん、そして社会に少しでも還元したいと思っている。

本書は二部構成である。

第一部では、国家レベルの事業であるひきこもり・ニート支援がどういうものなのかを俯瞰する。「一度も支援を利用したことがない」、あるいは、「利用したことはあるけど、なにをしてくれていたのかよくわからなかった」というひきこもり・ニートや親御さんは参考にしてほしい。

第二部は、著者である僕からの提言である。『ひきこもり文化論』の著者・斎藤環氏が指摘している「ひきこもり・ニートや親御さんの高齢化がとまらず、ゆっくりと深刻化しつつある事態」に歯止めをかけなければならない。そのためには、第一部で示す現行の支援だけでは不十分である。根拠は、「現状」だ。

ひきこもり・ニート本人も親御さんも、行政も民間も、もはや互いをディスっている場合ではない。「本人の意欲がでてくるまで待ちましょう」「しばらく見守ってください」等と悠長に構えている場合でもない。

自分たちが何年も何十年も継続して取り組んできた成果である「現状」から目を逸らすのはもうやめよう。「ゆっくりと深刻化しつつある事態」をより深刻にしないで済むにはどうしたらいいのか、本気で考えよう。

「元ひきこもり相談員」で「現役プロニート」の僕が、先陣を切らせていただくことにする。

※本書に登場するケースはすべて、実際の事例に改変を加えたフィクションである。

MENU

第一部　ひきこもり・ニート支援のリアル

ひきこもり支援のゴール

最高を語ることからはじめたい。

原さん（仮名・23歳独身男性）は、高校を卒業して以降、ひきこもり状態となった。持病があって働けない両親と三人、生活保護を受給しながらひっそりと暮らしている。23歳の原さんは、一般に就労が可能だと考えられる稼働年齢（おおむね65歳まで）に該当する。生活保護担当のケースワーカーとしては、稼働年齢の若者を生活保護のままでよしとするわけにはいかない。ひきこもり相談員と連携をとることにした。

——半年後。原さんはひきこもり相談員と会い、面接をし、「居場所」へ通うようになっていた。「居場所」とは、ひきこもり同士が交流するための場である。そこでは友達もでき、共通の趣味であるアニメの話で盛り上がっている。

——さらに半年後。信頼関係のできた「居場所」スタッフの励ましもあり、就職面接に臨んだ原さん。結果、正社員として採用が決まった。正社員ではあるが、お世辞にも賃金が高いとはいえない。生活保護担当ケースワーカーは、原さんが両親と共倒れになるリスクを減じ、自立を促すために、世帯分離を提案した。

無職で、ひきこもりで、生活保護受給者であった原さん。いまでは正社員として働き、一人暮らしを満喫している。

このケースを読んで、あなたはどう感じただろうか。

「人間って、やればできるんだよ」それとも「こんな成功例、ありえない」だろうか。

これは、僕がひきこもり相談員として勤務していた三年間で見聞きした中で、「就労→自立」へと至った**唯一のケース**である。僕は「キセキのケース」と呼んでいる。

行政、民間を問わず、現行のあらゆるひきこもり・ニート支援は、「キセキのケース」を最高到達地点と位置付け、展開されている。

それでは、実際にどのような支援が提供されているのか見ていこう。

第1章 人と話してみませんか？

支援者がひきこもり・ニートにやってほしいことナンバーワンは、家事でもないし、仕事でもない。「家族以外の人間と関わること」である。

「人と関わってほしい」と望む親御さんもきっと多いはずだ。そして、ひきこもり・ニートの中にも「誰かと話したい」と密かに思っている人がいるかもしれない。

この章では、ひきこもり・ニート支援の入り口である「他者と関わること」について述べる。

1 支援者はやさしい

プロフェッショナル　支援の流儀

ひきこもり・ニート支援の王道は、「家族以外の人間と接してもらう」ことからはじまる。

はっきり言っておくが、ひきこもり・ニートはみんなコミュ障だ。ひきこもり・ニートでコミュ障でない人はいない。人と関わっていないのだからコミュニケーションが苦手なのは当然の話だし、コミュニケーションが苦手だから人と関われないというのもまた当然の話である。そんなひきこもり・ニートが「誰かと話したい」「友達がほしい」とこれっぽっちでも思っているのなら、ひきこもり・ニート相談をしている支援者と会ってみるのが一番手っ取り早い。

支援者との会話は、一般人との会話とはまるで違った体験となる。

無職を咎めるようなことはしないし、ひきこもっていることを責めることもしない。無遠慮に地雷を踏むこともないし、個人的意見や見解を述べることもあまりしない。たとえひきこもり・ニートが相手でも無条件で肯定的な興味・関心を示し、ふんわりと包み込むように接してくれる。世間でのひきこもり・ニートは、ひたすら叩かれるサンドバックか、かえりみられることのない石ころみたいなポジションかもしれないが、支援者はサンドバックの手入れをし、石ころに目をかける。

それが仕事だからだ。

魂胆なしに、自分の話を一切否定しないでひたすら聞いてくれる人間は一般社会には存在しない。それゆえ、支援される側であるひきこもり・ニートが距離をつめようとしてくる事態など日常茶飯事。支援者のプライベートなことをあれこれ詮索し、連絡先の交換を希望し、面接時間を引き延ばし、面接時間外に会いたいと訴え、職場からの帰り道で待ち伏せをする。

支援者として関わる以上、ひきこもり・ニートがそのような行動にでるのは想定の範囲内であり、驚くことではない。

ひきこもり・ニートはほぼ100パーセント人間関係を苦手としていて、一般社会での人付き合いが困難であるというケースが大半を占める。また、語弊を承知で言うならば、「元々とっつきづらくて一般社会で相手をされなかったためにひねくれ度合いがパワーアップし、ますます誰からも相手にされなくなってしまった人物」と化していることもままある。そのような人と関わるために、支援者は一般社会での人付きあいよりも「やさしくてますます心地よい存在であるフリ」をせざるを得ない。そうでないと関わってもらえない。そして、関われなければ自分たちの仕事である支援をすることができない。つまり、支援者のやさしさはあくまで業務遂行上、欠かせないスキルであるから身につけ醸し出されているものなのだが、ひきこもり・ニートからしてみたらそんな事情は知ったことではない。

「自分のことをわかってくれる○○さんともっと話したい！　一緒にいたい！　仲良くなりたい！」となるのは自然の成り行きともいえる。

だが、支援者は「自然の成り行きだからしょうがないよね」と匙を投げるわけにはいかない。支援者はひきこもり・ニートと親しくなりたいわけではない。友達になりたくて会っているわけではない。恋人になりたいとは微塵も思っていない。あくまで仕事として支援をするためにひきこもり・ニートと会っている。支援をするためにひきこもり・ニートとポジティブな関係を保ちながらも、相手から踏み込まれすぎることがないように、絶妙な距離感の維持に努めている。

だからこそ安心して話すことができるのだ。

リア充でない支援者はアブない！

・支援者が勤務時間外にひきこもり・ニートとカラオケでデュエット
・ひきこもり・ニートと支援者がいつのまにかラブラブ
・ひきこもり・ニートと支援者が一緒に旅行（親御さんが全額出資）

残念なことに、こういった支援者もどきは実在している。

仕事の枠を逸脱した行為はすべて、支援者が実生活で満たせない「なにか」を、社会的弱者であるひきこもり・ニートから搾取しているだけである。そうなってはもはや、支援者とひきこもり・ニートのどちらが支援を必要としているのかわからない。

リア充支援者であれば自分の私的欲望に流されず、仕事としてちゃんと相手をしてくれる可能性が高い。安心して会ってみよう。

リア充支援者と非リア充支援者を隔てるポイントは三つある。

①飲み会やカラオケ、旅行等へ一緒に行けるプライベートな友達が複数いるか？
②プライベートで異性と交際したことがあるか？
③友人の結婚式に呼ばれたことがあるか？

三つすべてが「NO」であるなら、その人物は支援者としては不適当。スリーアウト、チェンジだ。

ただし、支援者がひきこもり・ニートや親御さんらに自分のプライベートを語ることはないし、「〇〇さん、ご結婚は？」と親御さんが聞いてしまうと「あの親御さんには気をつけよう」とチーム内での連携強化がはかられることになるだけだ（※既婚か未婚かを知りたがる親御さんはチラホラいる）。支援者がアウトかセーフかを見極める際には**仕事としての枠を逸脱していないかどうか**が一番参考になるのだが、ひきこもり・ニートや親御さんの中には、「勤務時間を過ぎてまで特別熱心に関わってくれている」とおめでたい勘違いをする方もいる。

だから、アウトかセーフかの判定は、支援者自身が取り組むべき課題となる。

否応なしに三つすべてが「NO」となる可能性が高いのが、ひきこもり経験者が支援者となった「ピアスタッフ」と呼ばれる人たちだ。ピアスタッフには「居場所」由来の友達はいても、プライベート由来の友達がいる人は少数である。ピアスタッフの最大のウリは「ひきこもり経験者ゆえにひきこもり当事者の気持ちがわかる」というものだが、最大のウィークポイントは、**支援対象者を無意識に「利用」し、「搾取」してしまう**ことにある。

人の世話をする前に、まずは自分のことをしっかりやる。

人を支援する仕事に携わりたいのなら、自力でプライベートを充実させることができるかどうか、試してみてから検討してほしいものである。

2 支援のレールに試しにのってみる

ひきこもり支援は国策

ひきこもり対策が国策とされたのは平成21年度のこと。この年より、47都道府県および政令指定都市に「ひきこもり地域支援センター」の設置が義務づけられた。国策として実施されているため、膨大な税金が投入されている。利用者がいなければ税金の垂れ流しとなってしまう。もったいないので、ひきこもり・ニートや親御さんは遠慮することなく利用しよう。利用して就労につながる可能性は1パーセントに満たないが、家族以外の人と交流するのが目的であるのなら、その目的は100パーセント達成することができるからだ。

「どういった支援をしてもらえるのですか？」という質問は、不安と警戒心丸出しの親御さんから多く寄せられる。親御さんは、自分の子どもがひきこもり・ニートになるとは思ってもいなかった。それゆえ、ひきこもり・ニートに興味も関心もなかった。それが不本意にも当事者・関係者となってしまったため、関心を寄せざるをえなくなった。

ろくに説明もしないで「安心してください！」「信じてください！」「救います！」となるとなんだか怪しげな勧誘みたいだ。中身を知りたくなるのは当然であろう。だから、一般的な支援モデルをここで示す。ただし、親御さんやひきこもり・ニート本人へお願いしておきたいことがある。ここで紹介する支援のレールにのせてもらえないとしたら、支援される側になんらかの原因があるということをご理解いただきたいのだ。そして、その原因に関して支援者側はおそらく明かさないであろうこともご理解いただきたい。

①家族と支援者が会う（家族面接）
②本人と支援者が会う（個別面接）
③本人に集団場面に慣れてもらう（「居場所」でのグループ活動＋定期面接）

④次のステップを考えていく（就労 or 障害）

当然、こんなにスムーズに事は運ばない。

まず、本人と会えないケースが多い。たとえ会えたとしても、会話はおろか意思の疎通すらはかれないことがザラにある。

家庭訪問を何年も続けても無言・無反応のままの人。一音節を超える発声が困難な人。やさしく相手をしてくれる支援者との個別面接には来れても、次のステップである「居場所」には体調不良を理由に参加できない人。「とくに困ってることはないんで」と支援を拒否する人も少なくない。

だが、ひきこもり・ニート本人だけに問題がある場合はまだマシだ。親御さんに問題のあるケースも少なくないのである。

親……おや？

ひきこもり・ニート本人が自分から相談をしてくることは滅多にないので、基本、親御さんとの面接がスタートラインとなる。

「記念に2ショット撮らせて下さい」とカメラをパシャパシャしだす親御さん。「役所の権限で部屋から引きずり出してくれませんか？」と無茶ぶりしてくる親御さん。初対面の支援者に対して「男だったら、福祉なんて女がやるような仕事してちゃダメ」と説教をかましてくる親御さんや、「日本にいるひきこもり100万人をなんとかしなさい！」とお偉いさんに手紙を出す親御さんもいる。

もちろん、支援者は人としてではなく専門家として親御さんと接するため、「福祉なんて仕事してちゃダメですか？ やっぱり息子さんみたいに無職でひきこもってる方が男らしいですかね？」などとやりあうような真似はしない。常識にとらわれない親御さんの言動も含めて、本人を理解する上での材料としている。本音を腹の底に抱え、ポジショントークに徹している。

『「子供を殺してください」という親たち』の著者である押川剛氏は「今はインターネットの発達により、言葉尻を捉えて叩かれる時代になったため、公的な専門機関は特に、真実を口にしなくなりました。しかし、『対応困難な患者がそうなった要因は、親子関係が大きな比重を占めている』ということは、専門家の間では周知の事実です」と、そのあたりの事情をよく理解されている。

「ひきこもり５００人のドアを開けた！」ことで有名な精神科医の水野昭夫氏は「彼らを家族から救出することが大事」だと言っている。

二人のプロフェッショナルの言うことは、現場で仕事をする支援者の間では暗黙の了解となっている。

「親御さんはわるくありません」・・・としか言えません。

精神科医である田村毅氏は「親御さんはわるくない」と優しく語りかけてくれる、

親御さんにとっての救世主のような存在だ。多くの支援者は真実を口にすることはないが、心にもないことを口にすることもないので、「親御さんに責任はない」と明言する支援者は稀有である。

「親もわるい」と支援者らが口にしなくなった理由は主に三つある。

一つ目は、親御さんとうまくやっていく必要があるからだ。ひきこもり支援では本人と会えないケースがほとんどであるため、親御さんとの接点を活かして糸口を探らなければならない。

二つ目は、自身の対応や生き方を責められた親御さんが受けとめられずに、支援者やひきこもり・ニート本人、他の家族に当たり散らしたりしてしまうことがある。そのような害を及ぼしてしまうのは支援者としての倫理に反するからである。

そして三つ目は、親御さんの中には、批判を適切に検証し内省する力が備わっていない方もいるからだ。このような場合、「わたくしめがすべて悪うございました。専門家様に全面的にお任せしますぅぅぅ！」とお金次第で引き受けてくれる人物・団体に丸投げし、責任逃れを図ることがわかっている。

そんなこんなで、専門家は真実を口にするのをやめることにした。

真実は聞けないが、否定されることはない。否定されることはないが、真実は聞けない。それが、歴代のひきこもり・ニートの親御さんたちが選んだ支援方針である。

その選択の結果、ひきこもりニート状態となった人の大半が、まったく変化しないまま高齢化し続けているのが現状だ。

そんな親御さんに、村上春樹氏の『色彩を持たない多崎つくると、彼の巡礼の年』より、この言葉を贈りたい。

「自分が見たいものを見るのではなく、見なくてはならないものを見るのよ。そうしないとあなたはその重い荷物を抱えたまま、これから先の人生を送ることになる」

親御さんの荷物は、いま、子どもたちが背負っている。

3 生き様こそ履歴書

情報収集&アセスメント

親御さんから相談を受けることになった際に、まず最初にするのは「親面接」だ。親御さんから聞き取るのは、これまでの本人や家族の「歴史」がメインとなる。なにを重点的に聞いていくかはケースバイケース。面接を重ね、訪問が有効であると判断すれば、訪問することもある。障害がある可能性が高いと判断すれば、ひきこもり・ニート枠ではなく障害者枠での支援をおススメすることになる。親御さんの希望通りに、ホイホイ本人の部屋に入るような支援者がいるとしたら、いろいろ疑った方がいい。

アセスメントや心理査定、見立てと呼ばれるこの作業は、会う前からはじまっている。その人物の過去や現在についての様々な情報を収集し、全体としてその人間はどんな人間なのかを推測し、支援の糸口を探っていく。

生き様に勝る自己紹介はない。ひきこもり・ニートの性格傾向がダイレクトに見えればいいのだが、「私はやさしい人です」と自称する人物がそのままやさしい人とは限らないように、自己申告はアテにはならない。ゆえに、どのような人生を過ごしてきたかを聞くことになる。その人がどのように生きてきたかを聞くことで、その人がどんな人間なのかおおまかな当たりがつく。カッコつけたSNSでの自己紹介よりも、生き様そのものこそが、その人物を的確に表している。もちろん、SNSに晩ごはんの写真をアップするのも、その人の生き様ではあるだろう。

専門家がひきこもり・ニートの個人史を重視するのは、歴史（事実）はウソをつかないからだ。

「小学校の頃、友達は一人もいなかった」「高校を2年で中退して、それ以後社会との接点はまったくない」「職場を20か所くらい転々としてた」……etc。

当人の過去は、現在につながり、未来にもつながっている。過去を知ることでその人の未来をある程度予測することが可能となる。「歴史は繰り返す」は、人間の個人史にこそ当てはまるのだ。

人間は突然変わらない。もしも成人期以降に大きく性格が変わったのなら、可能性は三つ。アブない薬をやっているか、アブない宗教にハマったか、精神病を発症したか。いずれにせよ、人はよくもわるくもそんなに変わらない。会うたびにコロコロ性格が変わる友人がいたら、アブなっかしくて付き合えたものではないだろう。

相談をする一番のメリット

ひきこもり・ニート本人と会えた時、支援者は百聞であった歴史を一見することになる。初回面接でおおよその見当がつくことも少なくないが、何度か面接を重ね、本人像をより詳細に理解していくよう努める。どのような支援が必要で、どのような支援が有効なのか、オーダーメイドに対応を考えていくことになる。

これこそが、ひきこもり・ニートや親御さんが専門家に相談する最大のメリットだ。

個別に、丁寧に、しっかりと見立ててもらえる。

基本、人間は自分以外の人間にまったくといっていいほど関心がない。小学校の頃の友人が、ひきこもり状態となったかつての級友を気にして会いに来ることはないし、元担任が開かないドアをノックし続けることもない。

みんな、自分のことで手いっぱい。自分が興味・関心のあるランク順に時間とエネルギーを注いでいる。ひきこもり・ニートとなった人間に興味・関心を抱くとしたら、関わらざるをえない親族か、仕事として支援を提供しようとする支援者くらいなものである。

一人の人間として、関心とエネルギーを注いで専門的にみてもらえる経験は、相談場面を除いては滅多に味わえないことなのだ。

ひきこもりの３分の１には精神障害があり、３分の１には知的・発達障害があり、３分の１にはパーソナリティの問題があると厚労省も認めている。

ひきこもり・ニートそれぞれが抱える問題を見極めることは、専門家が最も得意とするところである。

やみくもに就労を目指していても失敗する。登山でたとえるなら初心者にエベレストを登らせるようなものだからだ。ひきこもり・ニートそれぞれが抱える問題を見極めることで、はじめてゴールと戦略を決めることができる。解決の方向性が見えてくる。

エベレストだけが山ではない。登山希望者に適している山を検討し、装備を準備し、ペースを合わせて一緒に歩く。

よき支援者は、まさによき山岳ガイドのようなものだ。

4　ネバーランドへＧＯ！

オトナになんてなりたくない

親御さんと会い、ひきこもり・ニート本人と話した。その時点で障害者枠が適しているとジャッジが下されたら、障害者支援制度の利用がゴールとなる。「障害者ではない」か「まだよくわからないから一時保留」と判断された場合の次のステップは、集団場面への参加となる。通称「居場所」だ。

公的機関がひきこもり・ニートのために提供している「居場所」は、公的機関が運営している「直営」と、公的機関の委託を受け民間が運営している「公設民営」とがある。公的な「居場所」の他にも、民間のＮＰＯあたりが補助金をもらって運営しているものもある。利用が有料か無料かはそれぞれの「居場所」によって異なる。「居場所」には有資格のスタッフを筆頭に、無資格のスタッフやピアスタッフがいて、ひきこもり・ニートの人たちが参加しやすいように工夫を凝らしている。ひきこもり・ニート同士だと会話が成立しないことも多いので、スタッフが間に入り会話を繋げていく役割を担うのである。

「居場所」は基本的に、自由だ。なにをしてもいいし、なにもしなくてもいい。ただし、ひきこもり・ニートには「やることがキッチリ決まっていないとその場にいられない」「手持無沙汰に耐えられない」という特性があるため、プログラムが用意されていることが多い。参加するもしないも自由だ。プログラムは、ゲーム、トーク、料理、スポーツ、習字、アート、麻雀、社会見学、散歩……etc。広く浅く、誰でも気軽に参加しやすいよう、様々な内容が用意されている。プログラムの内容をひきこもり・ニートたちで決めるよう促し、主体性を発揮する訓練を兼ねていることもある。

「居場所」の主な目的は、とにかく人に慣れること、人と関わることである。「そろそろ働いたら?」なんて言われることもなく、半永久的に留まり続けていてもOKだ。オトナになんてなりたくないひきこもり中高年たちにとっての実写版ネバーランド。出資者はマイケルではなく、日本国民だ。

税金で「居場所」や「絆」を提供する本当の理由

たいていの人は心の拠り所となる**人とのつながり**を必要としている。学生の頃であれば、クラスの友人や部活動。大人になってからは職場やアフター5、趣味・習い事関係、ママ友・パパ友。人によっては宗教やアイドル、メイド、キャストらに人とのつながりを求める人もいる。

なにが心の拠り所となるのかは人それぞれだが、自分が誰かやなにかと繋がっているとか、属しているとか、「絆」があるとか、そういった「居場所感」を得ることは人生の一大事。極端な例ではあるが、秋葉原無差別殺傷事件の犯人は職場やネットでの「居場所感」が失われたときに凶行に及んでいる。

残念ながら、ひきこもり・ニートの「居場所感」は乏しい。自室は確かに居場所ではあるが心の拠り所となっているかは疑問だ。家庭にそれがあればいいのだけど、親御さんがひきこもり状態を肯定することはあまりない。心の拠り所を求めてネットの住人として生きている人もいるくらい、「居場所感」は重要なのだ。

ひきこもり・ニートのために提供されている「居場所」へ行っても就労へ結びつく可能性は低い。だが、人と交流することが目的なら100パーセント叶う。人間にとって大切な「居場所感」をもてる場所にもなるかもしれない。もちろん、「居場所」になんて行く必要がないという人がいてもいいし、人と交わらなくても生きてはいける。

ただ、誰かとたわいもない話をするのも、わるいことではない。

5 よい支援機関はどこか？

「大人は質問に答えたりしない」

「世間はお前らの母親じゃない」「世間というものはとどのつまり、肝心なことは何一つ答えたりしない」等のセリフは、福本伸行氏の漫画『賭博黙示録カイジ』に登場する利根川幸雄の名言として知られている。自分が質問をしたら答えてもらって当然だと思うのは、ママや先生にまとわりつく子どもの発想と同じである。

「よい相談先や病院を教えて下さい」と行政の窓口に尋ねる人は多い。支援者は本心では、評判のよい相談機関や医療機関を教えたい。「あそこはやめておいた方がいいですよ」と評判のわるい相談機関や医療機関に行かぬよう情報提供をしたい。しかし、主に二つの理由でそうすることはない。

一つ目は、公務員という立場上、特定の人物や機関を推すのはアウトだからだ。

アウトなことをして報酬をもらうアウトロー公務員はたまにいるが、バレたら無職まっしぐら。

二つ目は、よかれと思って教えたところが、その人にとってはよくなかったということもありうるからだ。そういった場合、「あなたがよいって言うから信用して行ってみたけど、全然ダメじゃない！」とクレームをつけてくる輩がいる。

公務員でもなく利根川幸雄でもない僕は一つの結論を導き出した。

それは、**よい支援をしているかどうかは、そこにいるスタッフ次第**ということだ。「スタッフがイケてなかったら支援もイケてない」「スタッフがイケてたら支援もイケてる」ということで落ち着いている。「チーム全体で支援にあたる」「個人ではなく、組織として関わる」発言は責任を取りたくない人間の戯言に過ぎない。組織もチームも人で構成されており、どのようなチーム・組織になるのかは人で決まる。それは民間であっても公的機関であっても変わらない。

最後は、「人」

怪しげな健康法を勧めてくる支援者。妙なセミナーを勧めてくる支援者。不思議な水や石を勧めてくる支援者。投資を勧めてくる支援者。

突飛なことを言ってくる支援者がいたら「ん？」と思った方がいい。そういった輩は、支援者の皮を被った要注意人物である。

福祉業界で働いている支援者は社会的弱者と関わるプロではあるが、中には一般社会では相手にされず、社会的弱者としか関われないから福祉業界に身を置いている人物も少なくないのである。

「外を散歩してみない？」「グループに参加してみてほしいと思っているんだけど、どうですか？」「制度利用を考えてみませんか？」等と当たり前でつまらなくてどうしようもないことを言う支援者こそ、話してみる価値がある。

「窓際作戦」やら「行政の怠慢」やら、貧困＆生活保護受給者支援系ＮＰＯ法人らによる行政バッシングはとどまることを知らない。

僕は行政の味方をする気はないし、敵に回るつもりもない。ただ、3年間福祉行政の最前線で働いたからこそ、見えるものがあると自負している。だから、貧困支援系NPOによる行政批判は、自身の存在証明のためのポジショントークとしての側面が大きいと思っている。

行政職員の中には、仕事をしない人やできない人も確かにいる。一方で、ちゃんと仕事をしている人もいる。生活保護受給者の中には、働き続ける意思と覚悟をもってそうした生活から抜け出す人も確かにいる。一方で、求職活動をすることなく公金をつかって酒とパチンコに浸り続ける人もいる。

結局は、「人」なのだ。

貧困や格差、税金の無駄遣いやひきこもり・ニート等の社会的課題に本気で取り組もうとするのなら、「行政」や「生活保護受給者」という森だけを見るのではなく、森の中にいる一人ひとりの「人間」をしっかり見ていく必要があるのではないだろうか。

6 それでも行政とは繋がっておいた方がいい

親御さんはガチ

親御さんは真剣だ。

真剣さのあまりに周りはおろか自分のことすら見えなくなっていることもあるが、それでも真剣だ。だが、相談相手となる行政職員が真剣であるとはかぎらない。

「行政に相談したら、すごく対応が悪かった。もう二度と行かないと思います」「不遜な態度で根掘り葉掘り聞かれて、丸裸にされたみたいですごくイヤだった」というような話を聞くこともある。

真剣な親御さんには真剣にアドバイスを贈りたい。

それでもやっぱり、行政とは繋がっておきましょう。

親御さんが言うように、行政職員の中に「イヤなヤツ」はいる。だがそれは、親御さんの中に「イヤなヤツ」がいるのと同じだ。

「イヤなヤツ」に当たってしまった親御さんにとってなによりの朗報は、「行政職員には必ず異動がある」ということだ。担当となるスタッフが住んでいる地域で画一的に決められてしまう相談窓口は、親御さんにとっては運試しのようなものとなる。イケてる支援者と出逢えればラッキーだが、「イヤなヤツ」だったらアンラッキー。だけど、支援者は数年で確実に入れ替わる。異動を希望に、相談を継続してほしい。

金の切れ目が縁の切れ目？

「最近は親同士で集まっても、やっぱり行政とは繋がっておいた方がいいっていう話になるんです」「親が死んだ後に子どもを助けてくれるのは、役所の人たちしかいないと思います」と言う親御さんの声を耳にする。

民間による支援サービスは、お金を支払うことで利用することができる。お金さえ払っていればレンタルお姉さんは来てくれるが、お金を払うのを止めたらお姉さんとは会えなくなるのと同じだ。よくもわるくも、さっぱり、あっさりと縁は終わる。

一方、行政による支援はお金の有無では切れない。それどころか、お金がない人ほど行政による支援の対象となる。

親亡き後、ひきこもり・ニートがどうなるかはわからない。

だが、「あそこの家にはひきこもり状態の○○さんがいる」と行政が把握さえしていれば。たとえ本人とは一度も会えなくても親御さんを通じて事情を理解してさえいれば。

行政は放っておくことはしない。

ひきこもりとニートはどう違うのか？

【共通点】

・どちらもガチで無職。稼ぎ0。学生でもないし、職業訓練をしてもいないし、働く意欲もない。

【相違点】

・ひきこもっていないニートは親族以外の人とリアルで交流がある

・ひきこもりは親族以外の人とリアルで交流がない（ネットのみの交流は交流と認定されていない）

簡潔に言うと、無職で友達がいればニート。無職で友達がいなければひきこもり。

ひきこもりとニートを同一視するのはけしからんという意見もあるが、本書では「無職で将来ポシャる可能性の高い人に幸せになってもらうこと」を狙いとしており、両者を分ける意味がないため、「ひきこもり・ニート」と表記している。

ちなみに、大学受験や資格試験を目指して浪人をしている人は、友達がいなくてもひきこもりとは認められない。あくまで浪人生。だから、いますぐひきこもり・ニートを辞めたいのなら、資格や大学を目指すのも一つの手だ。浪人生の肩書をゲットし、試験に向かってただひたすら努力するのみ。安西先生ならきっとこう励ましてくれるだろう。

「あきらめたらそこでひきこもり・ニートですよ」

第2章
働いてみませんか？

親御さんのほとんどは子どもが就労することを望んでいる。それも、なるべく「待遇が良くて」、「ブラックではない企業」に入り安定してほしいと思っている。

ひきこもり・ニートの中にも「自分に向いている仕事があれば」働きたいと思っている人がいるかもしれない。ひきこもり・ニートの就労の可能性について考えてみよう。

7 就労支援を利用する

人の足を進めるのは希望ではなく「意志」

ひきこもり・ニートをはじめとする無職者が利用できる就労支援は溢れている。ハローワークや基金訓練を筆頭に、ジョブカフェ等、国策としての就労支援は常に供給されている。パソナやインテリジェンス他、民間企業と行政とが組んで提供される就労プログラムも多い。「国がお金出すからとにかく雇ってみてくれ」という趣旨のトライアル雇用なんてものもあるくらいだ。その中でも、ひきこもり・ニート業界で話題に挙がることが多いのがサポステ（地域若者サポートステーション）だ。

サポステは全国160か所にあり、国から委託されたNPO等の団体が運営を担っている。そこで行われている支援内容は、個別相談・グループセッション・コミュニケーショントレーニング・ビジネスマナー等に関する各種講座・挨拶等の実践練習・協力企業でのお試し就労、などである。わかりやすく言うと「ひきこもり・ニートの能力の底上げをして、なんとか企業に採用してもらえるレベルの人材に仕上げること」を目的としている。

サポステを利用することができるのは、「就労する意志のある概ね15歳～39歳の健常者」とされている。

皆川亮二氏の漫画『ARMS』で「人の足を止めるのは絶望ではなく『諦観（あきらめ）』。人の足を進めるのは希望ではなく『意志』」と語られているように大切なのは「意志」である。「意志」に欠けるひきこもり・ニートの就労成功率は1パーセントに満たないが、「意志」さえあれば、就労確率は倍以上に跳ね上がる。**「意志」のあるひきこもり・ニートは、もはやひきこもり・ニートではない。「求職者」だ。**「求職者」となってはじめて問われるのが基本スペックである。

就労する「意志」を持つ人間のスペックの底上げをし就労させようというのがサポステだ。気になるのはその成果。サポステのホームページでは、「サポステを利用した人のうち、5割以上が就職を決めている」と大々的に謳っている。正社員が何パーセントかの記述はない。「大人の事情」として触れないでいてあげたくもなるが、そんな大人もどうかと思うので突っ込んでおく。

サポステを利用して就労した人のうち、およそ80パーセント～90パーセント近くが非正規就労であると指摘されている。某超一流週刊誌では「サポステを利用した100名のうち、就業したのは13人、正社員になれたのは5人」という数字を挙げている。正確なデータは闇の中にせよ、「サポステを利用した求職者のうち半数以上は就労できない」「就労した人のほとんどが非正規」ということは、なんとなくわかってくる。

ソーシャルワーカーである藤田孝典氏は著書『貧困世代　社会の監獄に閉じ込められた若者たち』の中で、「地域若者サポートステーションによる就労支援は、非正規雇用やブラック企業へ誘導する役割すら担っているのではないかと危惧している」と、サポステにとって痛いところをこれでもかというくらい的確に指摘している。

ひきこもり・ニートを知らない一般人からすれば成果がないようにみえるかもしれないが、ひきこもり・ニート支援の常識からすると、サポステはそれなりの成果を上げているとも言える。ひきこもり・ニート支援の常識とは無論、「ひきこもり・ニートの99パーセントは就労できない」というものである。

はっきり言っておく。

ひきこもり・ニートが就労するよりは、らくだが針の穴を通る方がまだ易しい。

ひきこもり・ニートの就労は無理ゲー

サポステはわるくない。ただ、国からもらえるお小遣いが欲しくて、国からもらった無理ゲーで遊んでいるだけである。

『週刊東洋経済』第６６２２号の特集「絶望の非正規」で「これまでにも氷河期世代をはじめとした若いフリーター層に対する就労支援は行われてきた。だが目立った成果が上がらないまま彼らは年齢を重ねてきた」と紹介されているように、就労支援の成果が上がらないことは数十年に及ぶ歴史が証明している。「ひきこもり・ニートに就労支援を施しても、就労に至る可能性は0に近い」という証拠は既に得られている。そろそろ、証拠を無視するのはやめて、歴史から学んでもよい頃合いだろう。

「就労支援、意味なくね？」と。

意味も成果もみられない就労支援に取り組むサポステ。テレビゲームにたとえるなら、事業仕分けでＨＰ（予算）を0とされたが、大好きなゲームをやめられずに勝手にコンティニュー。主人公の名前を地域若者サポートステーションから若者育成支援事業へと変え、ＨＰ3,500,000,000(yen)でゲームを再開した。ひとりアレイズ、自分でザオリク。一度死んでから復活するという究極の成功体験を積んでいる。

サポステが身体を張ってみせてくれた諦めない「意志」は、就労する際の参考になるのでしっかりと学んでおこう。

「就労支援は違うのです」

ひきこもり名人の勝山実氏は著書の中で「就労支援は違うのです」と30ページあまりをかけて訴えている。「人間は一人ひとり違うだとか、人生まわり道したってていいと言っておきながら、最終的には賃金労働者になるというたったひとつの頂上しか知らないような、自立支援ツアーに参加して遭難することのないよう、ひきこもりヤングはくれぐれも注意すべきです」と警鐘を鳴らしている。

ひきこもり・ニート支援に携わる専門家や親御さんらは競うように「当事者の声に耳を傾けよう」と言っているが、当事者である勝山氏の声は届いていないようである。勝山氏は「ひきこもりの就労成功率は一パーセント、ほとんど全滅です」と述べている。

また、前述のソーシャルワーカー・藤田氏は「働いても貧困である以上、就労支援というものは貧困を温存する役割しか持たない」と述べている。

一方、親御さんは「まずはアルバイトでもいい。いずれは安定した仕事に就いてほしい」と述べている。

親御さんの要望と就労支援の実情とのミスマッチの解消にはまだまだ時間がかかるのかもしれない。

たとえるなら、ろくに働いたこともないような人間が、次のような条件で仕事を探しているようなものだ。

・自分のことをありのままにわかってくれて、上司や同僚が優しく声をかけてくれて、怒られたり否定されたりすることのない職場
・人材としての自分の価値・適性を見出し、うまく活用してくれる職場
・パワハラもモラハラもなく、法令順守をしっかり心がけている企業
・週休3~4日の正社員待遇で勤務時間は一日6時間
・各種社会保険は完備。残業なし。求人票に記載されている職務内容のみ担当する
・給料は手取りで月30万円~スタートし、昇給&ボーナスが年2、3回ある

こんな条件で仕事が決まることはありえないだろう。それくらい、親御さんの要望と就労支援の実情はかけ離れているといえるのではないだろうか。

8 障害者枠で就職する

イケてない健常者は「健常者枠」では通用しない

イケてる社会人向けの自己啓発書では、「個人としての能力を高めないと生き残れない！」「英語！　資格！　生涯勉強！」と常に自分を磨き続けていないと取り残されるリスクを煽っている。数十年後には、いまある仕事の大半はロボットに奪われると予言する学者もいる始末。しかも、それがそれなりにイケてる社会人に起こりうるというのだからたまらない。高性能ロボット・ペッパーに劣るひきこもり・ニートは、10年後はおろか2016年ですら議論の埒外。「ろくに挨拶も返事もできないようじゃ、話にならないでしょ」「30歳過ぎて一度も働いたことがない？　ふ～ん……」と健常者枠では相手にすらされないのが現実だ。そういった現実を受けて、**ひきこもり・ニートによる障害者枠への参入が勢いを増している。**

その理由は、次の通りである。

日本における障害者は大きく分類すると、身体障害者、精神障害者、知的障害者の三障害となる。あまり知られていないが、三障害者すべてが右肩あがりで増え続けている。その理由については「昔と比べて障害者への理解がすすんだからだ」という説明をしておくことが無難な落としどころとなっているが、実態は少し違うと思っている。障害者が増え続けている最大の理由は、「日本社会では、健常者として生きるのがどんどん難しく、しんどくなってきているから」ではないだろうか。

沖田×華氏と君影草氏による『はざまのコドモ　息子は知的ボーダーで発達障害児』では、健常者として生きていくのは困難だけど、障害者手帳をとれるほどの障害はない子どもと親の苦労が見事に描かれている。

ひきこもり・ニートは、いわば「はざまのオトナ」だ。

健常者枠の縮小に伴い「はざまのオトナ」は増え続け、受け皿となる障害者枠は拡張の一途を辿ることが予想される。

オトナが取得しやすいのは精神障害者保健福祉手帳

障害者手帳は三種類。身体障害者手帳、療育手帳、精神障害者保健福祉手帳だ。

療育手帳は聞き慣れない人の方が多いかもしれない。これを取得できるのは、知的障害者or発達障害者。IQが75以下の人間であれば取得できるし、IQが平均近くあっても発達障害と診断されれば取得可能なケースもある（自治体によって基準はバラバラ）。だが、療育手帳には一般には知られていない落とし穴がある。それは、「オトナになると取得しにくくなる」ということだ。療育手帳という名称そのままに「知的障害や発達障害のある子どもが取得し、療育を受ける」ことが主目的とされているため、オトナには適していないと決めつける職員もいるので注意したい。申請時には、小学校や中学校の成績表などが求められるので、保存しておくようにしよう。小学校や中学校で成績が奮わないようなら、早めに療育手帳の取得を検討してみるのもアリだ。

いまの日本の福祉業界で圧倒的に取得しやすいのが精神障害者保健福祉手帳。精神科や心療内科をふらっと受診し、「落ち込みます」「眠れない」等と訴えれば、うつ病の診断をゲットでき、精神障害者枠に入れてもらうことが可能だ（詳しくは拙著『ドクター、「うつ」のホントの話、しちゃってもいいですか！？』参照）。国は企業に障害者雇用を義務づけている。企業は無視するか、どうせ雇うのならば人当りがよくてイケてる障害者を雇用しようと力を入れている。そういう意味で、イケてる障害者は売り手市場だといえる。健常者として生きづらく感じているのなら、障害者として企業から必要とされるのもわるくはない。賃金で差別することは法律で禁止されているので、下手なブラック企業の一般社員より、障害者枠の正社員の方が高給取りということもある。

あとは本人の気持ちの問題だ。

ちなみに、障害者手帳取得者には相続税の控除がある。親御さんは要チェックだ。

9　100パーセント就職できる場所

むかし作業所、いま就労移行支援事業所

ひきこもり名人である勝山実氏の『安心ひきこもりライフ』の中では、勝山氏が友人から「ここなら絶対に採用される！」と誘われた場所として「作業所」が紹介されている。

「作業所」という名称がいまでは、女子高生が作業をしている様子を眺めた後に様々な交渉をするいかがわしい場所として用いられることもあることには驚きを禁じ得ないが、そっちの話ではない。かつては女子高生ではなく、障害者が作業をする場所を表す名称として使われていた。現在では、「就労移行支援事業所」等という呼び方をされている。そのため表向きは、就労のための訓練を積む場所となっている。

重点的にトレーニングする項目はこちら。

ばっくれない、遅刻しない、遅れるときは連絡をする、出勤日には出勤をする、電話に出る、指示されたことを指示通りにやる、発狂しない、泣かない……etc。

つい忘れてしまいがちだが、これらは社会人として最重要スキルである。こういった基本事項さえ押さえておけば、一般就労も夢ではない。こういったスキルが重視される背景にあるのは、基本的な社会人スキルを身につけている人材が乏しいからなのかもしれない。

就労移行支援事業所では「工賃」が支給されるところもある。最低賃金ルールは適用されないので、時給は雀の涙ほど。1日働いて缶コーヒー1本〜煙草1箱が買えるか買えないか程度だ。

最低賃金をはるかに下回る工賃については賛否両論あるが、時給0円のひきこもり・ニートが日給100円の人材へと変貌を遂げる意味は、数字に固執していては見えてこない。

田辺さん（仮名・38歳独身男性）は、年に80万円ほどの障害者年金をもらいながら、カフェスタイルの就労移行支援事業所に通っている。一日200円あまりの工賃をもらいながら熱心に働き、利用者からピアスタッフへと昇格を果たす。最低賃金ルールが適用となるピアスタッフなので、時給は一般のアルバイトと同額となった。給料をもらいながら、様々な経験・トレーニングを積んでいる。職場の同僚・利用者との交流も楽しんでいて、「居場所」にもなっている。

就労移行支援事業所でトレーニングを積んだ後は、どうしようが個人の自由だ。一般企業に障害者枠で採用されるもよし。あくまで一般枠にこだわるのもよし。再度ひきこもり・ニートに戻るもよし。

決められないひきこもり・ニートにとっては、決めることが一番のトレーニングとなる。

10 能力補完計画

経済成長が味方してくれる時代は終わった

「この世の不利益はすべて当人の能力不足」。

これは、週刊ヤングジャンプ連載でアニメ化もされた石田スイ氏の人気漫画『東京喰種（トーキョーグール）』の中で、物語全体を通して、ここぞという場面で使われているフレーズである。

橘玲氏は著書『言ってはいけない 残酷すぎる真実』の中で、「知能の格差が経済格差を生みだしている」と言ってしまった。

何ごとも社会のせいにし、「誰でも貧困や生活保護といった社会的弱者に陥る可能性がある」ということにしておきたい日本人にとって「個人の能力格差」を直視する行為は全力で目を背けたい最大のタブーであろう。

しかし、『東京喰種』の主人公・金木研は、自分の外部に責任をなすりつけようとする態度を「呪うなら自分の弱さを呪いなよ」と、バッサリと切り捨てる。

もはや、「個人の能力格差」から目を背けていられる時代ではなくなりつつあるのだ。

右肩あがりの高度経済成長期を生きた世代であるひきこもり・ニートの親御さんたちは、能力に劣る人物、いわゆる低スペックであってもそこそこやれた。多少の障害があろうと健常者枠にいることができた。仕事にはありつけたし、結婚することもできたし、子をもうけ家族をもつこともできた。低スペックであることが明るみに出ることはなく、自分と向き合わずに済んだ。

すべては「経済成長」が能力不足をカバーしてくれていたからだ。換言するなら、「下駄をはかせてもらっていた」のである。自分でも気づかぬうちに誰かが勝手にテレビゲームのようにバイキルト、ピオリム、スクルト、フバーハなどの補助魔法をかけてくれている状態だ。おまけにマヌーサも効いているので、他者からの攻撃で傷つくリスクも少なかった。

凍てつく波動がほとばしる。平成がやってきた。

駅改札でただひたすら切符をきり続けることを「仕事」と呼んでいた時代は終わりを告げた。

低スペックだと正社員になれないどころか、生涯非正規、生涯無職も当たり前。低スペックどころか、平均的なスペックがあったとしても、かつての低スペック人間以下の暮らしぶりしか望めない。

再び経済成長が望めるならよいかもしれないが、少子高齢化がすすむ今後はそれも期待できそうにない。能力補完どころか、増え続ける高齢者を支えるための負担が増え続け、能力を削がれているかのような状況に陥っている。

どんどん重くなるリアル子泣き爺を背負ってしまった日本社会。ルカナン、ボミオス、メダパニに加え、ラリホーあたりも追加されているようなステータスだ。

低スペックは自己責任ではないが、能力補完は自己責任

じりじりと削られていく能力をどうにか補完しようとする動きも見られる。

一つ例を挙げる。

日吉さん（仮名・42歳独身男性）。日吉さんは大卒後に弁護士を志すも失敗。司法試験浪人を重ねた末に諦め、29歳で一般就労を目指すも、就労経験のない29歳なので、どこの会社からもなかなか相手にしてもらえない。かろうじてタクシー運転手として採用されたものの、数か月で音を上げてしまう。持病のパーソナリティ障害をこじらせ友達がいない日吉さんは、ひきこもり・ニート状態となった。そんな日吉さんがとった起死回生の策は、親族のコネに頼ること。親族が経営しているグループ企業に就職したところ、即日役員待遇。給与は同世代平均の10倍以上となった。

日吉さんのスペックが他の人より優れているわけではない。ただ、手持ちに強力なカードがあるのに気づき、「エイッ！」と思い切って使っただけだ。

親族のコネを活用し能力補完をすることで、ひきこもり・ニートからの脱出を果

たすことができたのである。能力補完の方法は様々なところに転がっている。

ひきこもり・ニートは低スペックだ。生まれつきなのかもしれないし、環境因が大きいのかもしれない。理由はなんでもいいし、低スペックなのも仕方がないことだ。重要なのは、工藤啓氏と西田亮介氏の著書『無業社会 働くことができない若者たちの未来』で述べられているように「働くことが『当たり前』という考えの一方で、働ける・働き続けることが『当たり前』でなくなりつつある」という現実をしっかりと認識することである。

低スペックなのは自己責任なんかでは決してない。低スペックを受け入れ、それを補うための強化補助呪文を唱えることこそが、ひきこもり・ニートが問われる唯一の自己責任だ。コネがあるのならフル活用。親のスネは骨までキッチリしゃぶる。能力補完制度が整っている障害者支援制度を使いたおす。

就労からは逃げていいが、能力補完計画からは、逃げちゃダメだ。逃げちゃダメだ。逃げちゃダメだ。

11 「パレートの法則」を崩せるか？

就労か、障害か

現状では、ひきこもり・ニート支援のゴールは二つしかないとされている。就労するか、障害者となるかだ。当事者も専門家も、就労する人は100人に1人ということで意見が一致している。つまり、残りの99人は障害者枠へ参入せざるを得ないのだが、そう簡単には話がすすまない。

99人のうち、2割くらいの人は自身の障害を認め受け入れる。能力不足を補うために制度を使う必要があることを理解し、障害者支援制度を利用していく。残りの8割は、本人や親御さんが障害に対して強い拒絶、あるいは無理解を示す。そのため、ひきこもり・ニート支援に携わる専門家は、ひきこもり・ニートや親御さんに寄り添い、障害を受け入れてもらうことに時間とエネルギーの大半を投下しているという状況がある。

これは誰にとっても不毛なことだと思う。

なにがなんでも就労か障害かという選択に縛られるのは、支援者にとっても、親御さんにとっても、ひきこもり・ニートにとっても、支援の出資者である国民にとっても、損な話である。

世の中には障害があってもなくても働けない人がいる。

働き続けるためには、多種多様な能力が求められる。挨拶をする能力、笑顔で他人と接する能力、朝起きる能力、遅刻しない能力、バス・電車に乗る能力、頭を下げる能力、同僚とうまくやる能力……etc。

健常なオトナであればある程度は備わっている能力が備わっていない人たちがいる。意思・能力が乏しいがゆえに、働くことやいろいろなことがこなせない人たちが存在している。

ニートのカリスマであるＰＨＡ氏は著書『しないことリスト』の中で、「仕事と家庭を両立して、家も買って、運動もして、流行も追って……それができる人はそうしたらいい。でも、そういうのが『うまくできる人間』ばかりじゃない」と述べている。

そういった現実を認め検討していくことは、ひきこもり・ニート対策のみならず、生活保護・ワーキングプア・格差・貧困など、日本が抱える問題解決に取り組むにあたっての第一歩となる。

「それを言っちゃあ、おしまいよ」と言われそうなことではある。だが、「それ」を言ってもおしまいではない。おしまいどころか、やっとはじまる。おしまいなのは、成功率1パーセントの就労支援の方でいい。「それ」を言ってからが本当のスタートだ。白・黒思考の如き、就労or障害思考から抜け出すためには、そのどちらにも当てはまらない人の存在を認め、第三の道を模索していくことがなにより大切だ。

それでも就労を目指すひきこもり・ニートへ

『働かないアリに意義がある』（長谷川英祐著）という本が話題となったことがあ

る。この本によると、働きアリのうち二割は生涯一度も働かないという。そのかわり、不測の事態になったらすぐさま動けるよう備えているから、意義があるということらしい。

僕はなにも、人間とアリとを同列に論じる気はないし、働かないひきこもり・ニートに意義があるとも思っていない。ただ、人間社会には働かない・働けない人間が確実に存在していて、その人たちを0にすることは不可能だと考えている。そして、それは社会のせいでも、その人たちのせいでもないと考えている。

では、なんのせいか？

それは、俗に「パレートの法則」や「80対20の法則」と呼ばれるような、人の意思の及ばぬ領域であると思う。元々の法則の説明は省くが、ここでいう「パレートの法則」とは、「原因は不明だが、どこの組織でも8割は働いて、2割は働かない」という類のもの。働きアリの2割が働かないのは不測の事態に備えているためであるが、ひきこもり・ニートが働かないのも不測の事態に備えているためなのかもしれない。

働かないアリも働かない人間も「働きたい！」と思っても働くことはできない。それどころか「働きたい」と思うことすらできない。それが法則だからだ。法則の下では個体は無力となる。

だから、ひきこもりニートが働くということは、「パレートの法則」を打ち破るということになる。法則を崩すということがどれほどのことなのか、考えてみてほしい。

・地球は太陽の周りを回っているという法則
・人間は呼吸しないと死に至るという法則
・動物はみんな飲んで食べて排泄するという法則
・男子トイレ小便器1個空けの法則

これらの法則が崩れるところは、想像しにくいのではないだろうか？

神様だかなんだかが勝手に決めたであろう法則は、世界の基礎であり、枠組みであり、仕組みである。ひきこもり・ニートが働くということは「やい、太陽！　お前が地球の周り、回れよ」「おい、うん○！　拭くの面倒だから出てくるなよ！」とケチをつけるに等しい。

ひきこもり・ニートが就労をするということは、「パレートの法則」への挑戦であり、世界の仕組みにケチをつけるに等しい無謀なアタックだ。

しかし、世界の仕組みにケチをつけた人を、僕は知っている。「ひきこもり・ニートは就労できない」とこれでもかというくらいに言ってきたが、実際に正社員として就労し自立した人を何人か知っている。僕はその人たちを心底「すげぇ！」と思っているし、尊敬もしている。

もし、あなたが世界の法則にケチをつける勇気を持ち合わせているとしたら、就労することができるたった1パーセントの選ばれしひきこもり・ニートかもしれない。

日本最強のひきこもり

2015年末、日本の格闘技ブームが再燃した。その中で異彩を放ったのが、「日本最強のひきこもり」「闘うコミュ障」の肩書を背負い戦った、DJ.taikiだ。ゆかりん（声優・田村ゆかり）をこよなく愛する彼は、ゲームセンターのDDRで鍛えたフットワークでスイッチを繰り返し、相手を翻弄する。ヘロヘロになるまで戦う。ヘロヘロになってからも、観るものに一発逆転を期待させるパンチを繰り出し続ける。粘り強く、どれだけ打たれても倒れない。

リングでも自宅でも、ひきこもり・ニートは闘っている。

親御さんからの「外、出よう」「買い物いってきて」「バイトでもしてみたら?」等という執拗な攻めを軽くいなし、自室へ退くことで距離をとる。

「いい加減働け!」「もう出ていけ!」とどれだけ連打を浴びても倒れない。KO寸前に追い込まれながらも、「親が悪い!」「責任をとれ!」と果敢に打ち返す。

DJ.taikiの将来の夢は「正社員になりたい」。

日本最強のひきこもりは正社員となる夢を叶えることができるのか? 正社員として働き続けることができるのか?

判定の行方から目が離せない。

第二部　ひきこもり・ニートが自立するたった一つの方法

ひきこもり・ニートは株をやりなさい

「これはひょっとして無理ゲーなんじゃないか？」

ひきこもり相談に従事して1年を過ぎた頃、僕はひきこもり・ニートが就労する可能性を諦めた。

第一部で見てきたように、ひきこもり・ニートとなった人の中で就労・自立する人は100人に1人もいない。アルバイト就労ともなれば、ゴールとしては大成功。正社員で採用されるとなると、言うなれば千年に一人の逸材レベル。半分くらいの人は、同じようなひきこもり・ニートを集めて交流させる「居場所」に行き、しばらくすると健常者枠では通用しない自分を認め、障害者枠で何らかの道を模索していくことになる。居心地の良さのあまりに40代、50代になっても「居場所」に留まり続ける人もいる。残りの半分くらいの人は10年経っても20年経ってもなにも変わらない。ひきこもったまま人生の大半を過ごし、生活保護に突入するか、大なり小なり事件を起こしポシャっていく。

世間ではワーキングプアや老後破綻のリスクがあれこれ騒がれているが、それ以前の話である。あまりの希望のなさに愕然とした僕は、なんとかならないものかと自問自答を繰り広げた。

Q「一億総活躍社会」はどうしたのでしょう？　一度レールを外れても、再チャレンジさせてもらえるのではないでしょうか？

A　レールがあっても列車がポンコツです。

ひきこもり・ニートは指示待ち人間であるのが大前提。そこに対人不安と低いモチベーションがもれなくトッピングされる。完成するのは「コミュ力と意欲に欠ける指示待ち人間」だ。自分から話し出すことはなく、なにを聞かれても「……」と放送事故の如く沈黙を貫く人物を採用し、再チャレンジさせてくれる企業があったとしたら、そこはもうホワイトなのかブラックなのかわからない。

Q　就労がダメなら、「絆」はいかがでしょう？『ニートの歩き方』著者でありニートのカリスマであるPHA氏を筆頭に、人との繋がりがあれば低収入でも生きていけるという意見はチラホラ聞かれるようになってきていますよね？

A　ニートはどうにかなりますが、ひきこもりはどうにもなりません。

ＰＨＡ氏のように人と関われる「ニート」であれば、繋がりの中でやっていくことが可能だ。しかし、「ひきこもり」は人との繋がりがないし、繋がりたくない（傷つきたくない）し、繋がれない（著しいコミュ障）。繋がれるのは家族と、やさしく接してくれる福祉関係者くらいだ。

Q　得意のネットを駆使して稼ぐというのはどうでしょう？　ネットだったら人と会わないでもいいですし。ヤフオクでなにかを売ったり、ブログやメルマガを書いてアフィリエイトをしたり、いろいろ手段はありそうですけど？

A　そんなモチベーションはありません。

『インターネットに就職しよう！』を著した守屋信一郎氏は、ネットビジネスで稼ぐためには「人並み以上の強い『現状から脱出したい！』というモチベーション」があることが大切だと述べている。まさにそのモチベーションのなさこそが、ひきこもり・ニートをひきこもり・ニート足らしめている所以だ。

Q　もういっそのこと、畠中雅子氏の著書『高齢化するひきこもりのサバイバルプラン　親亡き後も生きのびるために』で提案されている、親の資産で生き抜くサバイバルプランに乗っかってしまいませんか？

A　親のプランに乗っかるくらいなら人生から降ります。

親が創作した長編ファンタジーから命からがら脱出して、やっとのことでひきこもり・ニートをやっているというのに、死んだ後まで親の支配下に置かれるのはまっぴらごめんであろう。親のつくったサバイバルプランに乗るくらいなら、潔くサバイバルを放棄するのがひきこもり・ニートだ。

自問自答終了。さて、困った。

働けないいし、人付き合いもできない。ネットで稼ぐモチベーションには乏しく、親の立てたサバイバルプランもイヤがる。そんなひきこもり・ニートはどうやって生きていけばいいというのか？

僕が導き出した答えは、株。

第二部では、ひきこもり・ニートが株式投資をするメリット、デメリットから、ひきこもり・ニートの性質を踏まえた上での投資戦略などについて触れていく。

第3章　ひきこもり・ニートが株をやるメリット

一般の人が株をやるメリットは、書籍や雑誌、テレビなど様々な媒体を通してこれでもかとばかりに言い尽くされているが、ひきこもり・ニートが株をやるメリットは誰も言わない。でも実は、ひきこもり・ニートだからこそ享受することができるメリットがたくさんある。

12 配当金や株主優待、貸株金利が本当に嬉しい

吉野屋でシミュレーションしてみた

牛丼の吉野屋の株を100株買ったとする。1年間ほったらかしにしておいて得られる金品がどれくらいになるのか、おおまかに計算してみよう。わかりやすくするため、株価は15万円とする。なお、税金や手数料についてはここでは計算に入れない。

ほったらかしでゲット可能な金品メリットは①株主優待、②配当金、③貸株金利、の3パターンある。

①株主優待　3000円分の食事券が年2回もらえる。つまり年間6000円をゲット。牛丼（並）なら15杯をタダで食べられる。
②配当金　年度によって異なるが、一株あたりおおよそ20円。100株だと年間2000円をゲット。
③貸株金利　持っている株を証券会社に貸すことで金利を得ることができる。お金を銀行に貸して（預けて）利息がつくのと一緒。吉野屋の貸株金利は2016年7月現在で0・10パーセント（楽天証券の場合）なので、15万円×0・10パーセント＝150円。年間150円をゲット。

おおざっぱな計算ではあるが、**吉野屋の株を保有しているだけで、年間8150円**を得ることになる。

これは、一般的なひきこもり・ニートの生涯賃金を遥かに凌駕する（著者調べ）。

「100円がもらえる」インパクト

山の如く動かないひきこもり・ニートが新たな行動を起こす際には、それなりの理由（言い訳）が必要だ。

「100円もらえるから、やってるだけ」と、自分と周囲に説明可能なもっともらしい大義名分があれば動けるようになる。これは、ある種の照れ隠しだ。ひきこもり・ニートがひきこもり・ニートに期待される活動（ネットサーフィン、責任転嫁、他者批判）以外の行動を起こすときは、本人もどことなく気恥ずかしいものなので察してあげてほしい。

ひきこもり・ニートは、「体調不良」に代表される動かない理由を必要とはしているが、動く理由もまた欲しているのである。

株を持っていて得られるメリットの中でも、貸株金利は一考に値する。貸株金利であれば、毎日いくらのお金を得たかはっきりわかるので、ひきこもり・ニートが株をやる言い訳にピッタリだ。

僕は貸株金利で一日およそ1000円を得ている。

日毎に増えていく金額を見るのは、日毎に減っていく妻の笑顔を見るのと同じくらいハッピーだ。

13 自室にこもったままでOK

インドアを極めし者

ひきこもり・ニートは家に居ることが好きだ。家から一歩も出ることなく生活している人もいる。今は昔と違ってネットが発達しているので、まったく外出しないでも生活が成り立つようになった。

アパートで独り暮らしをしている甲斐さん（仮名・39歳独身男性）。彼は21歳の時から生活保護を受給している。もう6年あまり外に出ていない。食材はネットスーパーや各種宅配で済ませ、なにか欲しいものがあればアマゾンさんに駆けつけてもらっている。溜まる一方のゴミは部屋全体に無造作に積みあげられ、隠れ家風な趣を醸し出している。かぐわしい臭いが部屋の外にまで漂っているが本人は気にするそぶりもなく、「艦これ」とネットサーフィンに夢中だ。支援者と会うのはイヤがるが、テラフォーマー（ゴキブリ）とは良好な関係を築いている。

ひきこもり・ニートの中にはコンビニくらいには出かける人もいるが、雑誌や漫画を立ち読みする度胸はないので、目的を果たしたらすぐさまハウス。人生の大半の時間を、狭い部屋と狭い価値観の中で安全に快適に過ごしている。

在宅ワークができるのも一つの能力である

外出しないひきこもり・ニートがお金を稼ぐとなると、真っ先に思い浮かぶのが在宅ワーク。かといって在宅ワークの代表格である内職なんかは地味なうえに根気が求められる。また、品物の受け渡し時には生身の人間と会うことになるため、受け渡しは親御さんに頼らざるをえない。内職にありつこうと積極的に探す意欲にも欠けるので、現実的な選択肢とはいえない。

ネットを駆使して稼ぐという方法が適当ではない理由はすでに述べたとおり。「インターネットビジネスにおいて、自分を動かす原動力は、自らのモチベーション以外には存在しない」（『インターネットに就職しよう！』より抜粋）というが、ひきこもり・ニートにはそのモチベーションが存在しない。

まれに、趣味として漫画や小説を書いたり、ボカロで曲を創作したり小物を作ったりするひきこもり・ニートがいる。そういったことが好きでいて、ほんのわずかでもセンスがありそうなら、どんどん創作し1円でもいいから金銭収入を得てほしい。収入が0円だと周囲からは単なる趣味かヒマつぶし、あるいは夢見る夢子ちゃん程度にしか思われないが、収入が多少でもあるのなら、それは立派な仕事となる。低所得者ではあるかもしれないが、無職ではない。在宅ワーカー、イラストレーター、フリーランス、小物作家、音楽家、アーティスト、創作活動家、職人、クリエイター……etc。堂々と名乗るのははばかれるかもしれないが、照れながら名乗ることはできるようになる。

在宅ワークやネットビジネスに取り組むモチベーションがない。漫画や音楽、文章などを作成することに興味もセンスもない。

そんなひきこもり・ニートでも株ならやれる。自室にこもったままでやれる。唯一求められるクリック力に関しては、日頃の鍛錬がある。自信をもって、ポチっとな。

14 毎日やらなくてOK

人類最大にして最強の敵「めんどくさい」を倒せるか？

『行け！　稲中卓球部』で有名な古谷実氏の漫画『グリーンヒル』の中にこんなセリフがある。「オレが思うに人類最大にして最強の敵は『めんどくさい』だ」「人類最大にして最強の敵『めんどくさい』にうち勝ち……立派な大人になりたいなぁ～……がんばらなきゃな～……」。

これまでの人生の中で「めんどくさい」と玉砕覚悟で戦ってきたひきこもり・ニート。敗戦を重ねた末に無条件降伏をし、占領下に入るより他に道がなくなった。行動は制限され、外を出歩くこともままならなくなっている。

就職しないでお金を得る手段を考えるのなら、株以外にもいろいろある。

メルカリ等のフリマアプリやヤフオクで商品を売ったり、アマゾンやブックオフを駆使してせどりに精を出したり、アンケートサイトやポイントサービスで稼いだり。どれもスマホ一台あれば手軽にできる時代だ。

「ひきこもり・ニートは24時間365日フリーなのだから、そういった副業やればいいじゃない」なんて意見もよく聞かれるが、それはひきこもり・ニートへの無知・無理解からきている。逃げ癖（回避性パーソナリティ）のしみついたひきこもり・ニートが、人類最大にして最強の敵に挑むとでも思っているのだろうか？　負けるとわかっている戦にひきこもり・ニートを送り出そうというのだろうか？　ひきこもり・ニートの逃げ癖を侮ってもらっては困る。

もしかしたら一度であればやるかもしれない。しかし、一度だけだ。「継続は力なり」と言う通り、力がないひきこもり・ニートは継続不可能だし、継続できないから力もつかない。一度ヤフオクで商品を売って、終了。ブログを開設して、終了。ひきこもり・ニートは「永遠の一発屋」であり続ける。

一度だけ株を買おう

小島よしお、スギちゃん、ダンディ坂野、テツ&トモ、波田陽区、ムーディー勝山……etc。お笑い業界には常に一発屋と呼ばれる人たちがいる。2015年には「第一回一発屋オールスターズ総選挙2015」が開催され、髭男爵が見事優勝を果たしている。

この大会は誰でも参加できるわけではない。そう、一発屋でなければ出場することすら適わない。一発屋になることさえできれば、たとえレギュラー番組をもてなくても、テレビ局からのオファーが激減したとしても、一発屋ゆえのメリットを享受し続けることが可能となる。一発屋は利息で暮らせるのだ。

株も同じだ。株は一度購入さえすれば、あとは放置しておいていい。1、2年どころか5年10年ほったらかしでも、配当金&株主優待&貸株金利、等の利益を得続けることができる。一発やる気を出して、一回購入さえすればOKだ。もちろん、気が向いたら何度でも売ったり買ったりすればいい。

ダウンタウンやナインティナインになるのは大変だし、疲れてしまう。もちろん目指したい人は目指せばいいし、なれる力がある人はなればいい。

ひきこもり・ニートが目標とすべきは、三瓶です。

15 人と関わらなくてOK

地雷を踏んだらサヨウナラ

ひきこもり・ニートとの関わりは地雷探索作業と似ている。NGワードをうっかりつつかぬよう、細心の注意を払いながら会話を展開していく。地雷らしきものを発見したら、スルーするか、ゆるやかに触れてみて確認するか、あえて爆発させてみるか。様々な選択肢の中からベストな選択をするよう力を尽くす。会話をするだけで会社役員と接するレベルの配慮が求められ、ものすごく疲れる。だからこそ、ひきこもり相談員という仕事が成り立っているとも言えよう。

当然、ひきこもり・ニートらは本物の役員ではないので、社会場面にでると「ふつう」に扱われることになる。ちなみに、一般社会で51歳独身無職の人間は、「え？一度も働いたことないってどういうこと？　意味わかんないんだけど？」「うわ、キモ！」「ごちゃごちゃグチってないで働け」「頼むからなにもやらかさないまま、おとなしく最期を迎えてください」程度に扱われるのが「ふつう」だ。

51歳独身無職のひきこもり・ニートにはそれが耐えられない。口では「特別扱いはせずふつうに接してほしい」と言うものの、「ふつう」に接すると不機嫌になり、ひきこもる。ひきこもり・ニートの言う「ふつうに接してほしい」は「友達のように親しげに、かつ、お客様のように丁重に」接してほしいということなのだ。

せっかく家の外に出てきた本人たちが再度ひきこもってしまってはたまらないので、支援者は彼・彼女らを安全な「居場所」に連れていくことになる。社会場面から隔離・保護された無菌室である「居場所」ではお望みの通り「ふつう」に接してもらえる。支援者たちから優しく丁重に接してもらえる経験を通じて、次のステップを考えてもらうのがひきこもり支援の王道なのだが、社会と「居場所」のギャップがあまりに大きすぎて、「居場所」から抜け出せなくなる人が多いと問題にもなっている。

世界一のレベルを求められる日本の接客業

世に現存するほとんどの仕事は、なんらかの形で人と交わる場面が発生する。小売や飲食、介護など人手不足で就労しやすい業界であるほど、人と接する場面が多い。日本の客は世界一わがままらしいので、あれこれ要求されたりクレームをつけられたりする場面も当然ある。

「適当に受け流したり、いなしたりしておけばいい」というのはあくまで一般人向けの御意見だ。コミュ障であるひきこもり・ニートに臨機応変な対応を求めるのは酷である。

マニュアルにない場面に遭遇したら、フリーズして突っ立っているのが精いっぱい。イケてない店員にイケてない対応をされた客は当然イライラし、舌打ちくらいするかもしれない。捨て台詞の一つくらい吐くかもしれない。傷ついたひきこもり・ニートは「もういいや」と心が折れ、再び社会に背を向けることになる。学生の頃からそれを繰り返しひきこもり状態に至っているのだから、同じ轍は踏まない方が賢明だ。

だから、ひきこもり・ニートは人と関わる仕事はしない方がいい。

株取引であれば人と関わる必要は一切ない。人と関わることなく、実社会である企業の営みに触れることのできる希少な場である。

株式投資を通じて、ゆっくりと社会の仕組みを学んでいこう。

16 無職ではなくなる

無職であることがコンプレックスという無職の人々

・人目につかないように外に出ない
・イヤなことを聞かれたくないから人と会わない
・「仕事は?」「そろそろ働いたら?」と言われたら逃げるかキレる

ひきこもり・ニートは、自分が無職であることを気にしている。周囲の人から、いい歳をして無職の自分がどう思われるのかすごく気にしている。日中出歩いて無職がばれないようにひとりラナルータを唱え、昼夜逆転のライフスタイルを確立する。「働いたら負けだと思っている」「働く意味がわからない」等と自分を守り慰めるためのロジックを練り上げる。その結果、一層社会から遠ざかり、下流老人への階段を一歩ずつ着実に昇っていく。

これらの問題は無職でなくなればすべて解決する。無職でなくなるということは、ひきこもり・ニートでなくなるということだ。だが、ひきこもり・ニート枠から就労できる人は100人に1人もいない。倍率だけみれば100倍超。東京大学やスタンフォード大学に合格するよりもはるかに熾烈な競争となっている。**ひきこもり・ニートにとって、就労がゴールのゲームはクソゲーではなく、無理ゲーだ。それならば、就労することなく無職をやめればいい。**

株をはじめたら、ひきこもり・ニートは無職ではいられない。

個人投資家、資本家、資産家、デイトレーダー、インベスター、株屋、相場師、ギャンブラー、錬金術師、高等遊民、等の肩書を選べる身分となる。僕は場面によって投資家と言ったり、トレーダーを気取ってみたりしている。あえて無職を名乗るときもある。どうやら名乗れる肩書が複数あるということは、平気で無職と言えてしまう心の余裕もプラスしてくれるみたいだ。そんな心の余裕こそ、ひきこもり・ニートにとって一番必要なものだと思う。

就労をしないで無職を抜け出す方法はいくつかある。その中でも、僕が株式投資を勧める理由はその確率からだ。ひきこもり・ニートが会社員になれる確率は0パーセントに近いが、投資家になれる確率は100パーセント。ひきこもり・ニートには「少しでもダメそうだなと思ったら、一切なにもしない」という性質がある。そういった性質を踏まえると、なにもしなくても許される投資家が最適だ。会社員よりもどことなく響きがカッコ良くて、100パーセントなれる。こんな職種は他にはない。

株をはじめるということは、無職ではなくなるということ。投資家になるということ。これこそが、ひきこもり・ニートが株をやることで享受できる最高のメリットだ。

ハローワークやダーマ神殿にわざわざ出向く必要はない。自室に閉じこもったまま、悟りはひらける。リアル賢者である「投資家」に転職してみよう。

17 人と会えるようになる

無職だと人と会うのが気まずい

無職の砂川さん（仮名・37歳独身男性）が最後に友人と遊んだのは「小学3年生の頃のドロケイ」だと言うから、かれこれ30年あまり他人と交わっていないことになる。大人になった今では「みんなちゃんと仕事をして、結婚もして、子どももいたりすると思うんです。でも、僕は小3の頃からなにも変わらない。会ってもなにを話せばいいかわからない。話すことがない」そうだ。

たしかに砂川さんの言うとおり。

考えてもみればわかるが、いい年をして独身無職の人間が「人と会うのが気まずい」というのは誰もが納得、共感できることではないだろうか？　気まずくて大いに結構。気まずいと感じていなかったとしたら、むしろ、いろいろ心配になる。さらに言うなら、普通に働いている大人がひきこもり・ニートと会うというのも、同じく気まずいものとなる。なにを話せばいいのかわからず、変に気を遣いすぎて疲れてしまうからだ。なにもしていない37歳男性と、いろいろしている37歳男性とは生きている世界が違いすぎるため、交わらない方がお互いのためなのである。

そんなひきこもり・ニートであっても、株をはじめ投資家となれば、人と会うハードルが下がる。人と会いやすくなる。37歳の砂川さんだって、フェイスブックで見つけた30年前の友人と、30年ぶりにドロケイを楽しめるようになるかもしれない。大人になった今では、小学生の頃ほど真剣にはなれないかもしれないが、旧交を温める歓びは格別にちがいない。

『投資家』として人と会う

ひきこもり・ニートのままでは次のような場所には行きづらい。

・「今日はお休みですか？」と聞かれる理容室or美容室
・「いまなにやってるの？」と尋ねられる親戚の集まりやかつての友人らとの飲み会
・なにかの手違いかお飾りの人数合わせで誘われた合コン

これらの場所でも「投資のヒントが転がっているかもしれないから行ってみようかな」と自他ともに言い訳できるようにさえしておけば参加しやすいはずだ。コミュ障ゆえに会話が弾むことは難しいかもしれないが、会話が途切れてお互い気づまりにならない程度の接触があれば、それは大きな進歩といえるだろう。

ひきこもり・ニートであれば、相手の質問に対しても次のように答えるのが精一杯だろう。

・「趣味は？」→「とくには……」→「……」
・「仕事はなにしてるの？」→「体調がよくなくて家にいるんだ……」→「ああ、そうなんだ……」（「体調不良依存」のひきこもり・ニートは本当に多い！）

・「休みのときはなにしてるの？」→「休み……」→「……」（いつも休みだとなにが休みだかわからなくなる）

これが、投資家という肩書きを手に入れることで、最低限の会話を成立させることができる。

・「趣味は？」→「まあ、趣味と実益を兼ねた投資かな」

・「仕事はなにしてるの？」→「オレ？　デイトレしてるよ。」

・「休みのときはなにしてるの？」→「ゴロゴロして、ネット見たりしてるよ」（ひきこもり・ニートがゴロゴロしてネットを見ているのと、投資家がゴロゴロしてネットを見ているのとでは、意味合いがまったく異なって受け取られる）

やっぱり投資家の方が断然ＧＯＯＤ！

18 ヒマつぶしにやることが一つ増える

ひきこもり・ニート内格差

ひきこもり・ニートは24時間365日、ヒマだ。持て余した時間をネットサーフィンや映画・動画鑑賞、ゲーム、漫画、小説などインドア系活動に費やしている。中には「別に楽しくないけど、やることがないからなんとなくやっている」と言う人も少なくない。

インドア系活動以外の時間の使い方には格差がみられる。トップクラスのひきこもり・ニートは、余った時間を料理や掃除など家事全般に使い、スポンサーである親御さんに自身の存在価値をアピールすることに余念がない。もちろん、純粋に家族の助けになればと思いこなしている人もいる。中流のひきこもり・ニートは「自宅警備員」「CO2クリエーター」「一級在宅士」「代表戸締役社長」等の名に恥じぬ働きをしている。自宅警備員らの活躍ぶりについて興味のある方は鰐軍曹氏の著書『自宅警備隊完全読本』を参照してほしい。下流のひきこもり・ニートは、暴れるかギャンブル・課金しまくりの感情失禁状態。う○こも衝動も垂れ流しとなっている。

フリータイムが膨大にあるという強み

そんなひきこもり・ニートにとって、株はヒマつぶしの格好の材料となるのだが、それだけではない。株をやる上では、ヒマ人であるということが圧倒的に有利な条件となるのだ。『一生お金に困らない個人投資家という生き方』著者の吉川英一氏は「ゲーマーやニート、引きこもりの人も個人投資家に向いている（とくにデイトレーダー）と思います。何より彼らには時間がたっぷりあります」と述べている。アニメ『妖怪ウォッチ』に出てくるヒキコウモリは主人公の部屋のクローゼット内でパソコン漬けの生活をおくりながらもトレードで成功を収め、妖怪長者番付2位となった(ちなみに1位はスティーブ・ジョーズ)。時間に制約のないひきこもり・ニートは、ネットをフル活用して様々な情報を得ることはできるし、企業創業者の著書を読み理念に触れることもできる。毎日コンビニに赴き、どんな商品が売れ筋なのか日々チェックするのもいいだろう。一般人がせっせと労働している間に、せっせとデイトレードすることも可能だ。

24時間365日フリーの強みを存分に活かすことができるのが、投資家という職種なのである。

人生はヒマつぶし

ひきこもり・ニートに限らず、僕たちの人生なんて生まれてから死ぬまでの期間のヒマつぶしみたいなものだ。サラリーマンもOLも社長さんもメイドさんもAK

Bもスポーツ選手も専業主婦も無職も、それだけは共通している。働くもよし。ゲームをするもよし。アニメを観るもよし。他人様に迷惑をかけさえしなければなにをしてもよし。もちろん、株をするのもよしだ。

貞子を生んだ鈴木光司氏の名作ホラー小説『リング』『らせん』の登場人物がこんなことを言っている。「人間はたいていのことには耐えられる。ただ、退屈には耐えられない。だから進化したんだ」。

退屈とダイレクトに対峙しているひきこもり・ニートは進化途上にあるのかもしれない。21世紀に適応した姿を見せてくれるのか。自然淘汰の末に滅びるのか。

もしもダーウィンが生きていたら、自室にこもって進化論の続きに想いを馳せたにちがいない。

19 親がおとなしくなる

ネットが先か、ひきこもりが先か

「毎日パソコンしてます」「起きて、すぐパソコンつけて。それから一日中カタカタやってます」「歌とか、動画とかみてます」「オンラインゲームずっとやってて……課金してたのがこの前わかりまして……100万円……」。

これらは、ひきこもり・ニートの親御さんたちからよく耳にする声である。親御さんたちのパソコンイメージはよろしくない。親御さんからしてみたら、ひきこもってネットばかりやっている子どもを毎日見ることになるので、「パソコンがあるからひきこもっている」と思い込み、わが子をダメにした張本人、諸悪の根源だとして目の敵にしていることすらある。「パソコンはともだち、こわくないよ」となだめようとでもしたなら、「そんなともだちとは縁を切りなさい！」と怒声を浴びせられるはめになる。

親御さんは子どもが何かに没頭するのをイヤがっているわけではない。ただ、受身で眺めているだけでなにも生み出さないことに没頭しているのが、イヤなのだ。かけがえのないわが子の大切な人生が薄っぺらい機械によって搾取されているような気分がして、たまらなくイヤなのだ。

クモ（営利企業）が張りめぐらせたネットにわが子がからめとられていたとしたら、黙って見てはいられないのが親心。そんな親御さんを黙らせるために、まさか殴るわけにもいかない。やることはたった一つ。パソコンに搾取されなければいい。

ろくに口もきかなくなった息子がパソコンをしている後ろから、父親がこっそりとチラ見をする。どうせいつものゲームか動画だろうと思ったら……、チャート!?株!?

想定外の事態にショックを受けた父親が腰を抜かすか心不全を起こすような事態にでもなれば、わざわざ殴る必要もなくなるだろう。直接手を加えずにダメージを与えるなんて、覇気か、チャクラか、霊圧か。俗世間から遠ざかり修行を積んだ甲斐があったというものだ。

ひきこもり・ニートから投資家へとジョブチェンジを果たすことで、しばらくは親御さんもおとなしくなるかもしれない。

※株をやることで逆に大騒ぎになる可能性もあることは次章にて付け加えておく。

20 親にえらそうな口をきけるようになる

親が社員で、子は株主

ひきこもり・ニートの父親の中には、上場企業に勤めていたり、過去に勤めていたという人もいる。父親の勤めている会社の株を買って、是非、こんなやりとりをしてみてほしい。

「おい、最近、おやじの会社の株価、冴えないな。なんとかしろよ」
「ひきこもりのくせに何言ってんだ！」
「社員の分際で株主様に何言ってんだ！　え！　株主総会で実名出すぞ！」

残念なことだが、ひきこもり・ニートのほとんどが親の稼ぐお金で生活させてもらっているため、対等な関係とは言い難い。年齢だけ大人となってしまったひきこもり・ニートと親の関係性はあくまで「働かない寄生虫（パラサイト）」と「宿主」のようなものだ。そこに「父親の勤務している会社の株主」という意外性ばっちりの新たな間柄を提示することができたら、なかなか痛快だろう。

「頼むからやめてくれ」と引き留める父親を振り切り株主総会に出向くのも一興だ。

「貧乏父さん」を笑えるくらいになろう

『金持ち父さん』シリーズで有名なロバート・キヨサキ氏は、「金持ち父さん」である富裕層は「自分で働くのではなくて、お金に働いてもらう」人たちであると言い、その反対に「あくせく働いてお金を得る」労働者のことを「貧乏父さん」と言い放っている。

ひきこもり・ニートがゴールとすべきは「金持ち父さん」だ。こう言ってしまっては身も蓋もないが、そもそもひきこもり・ニートは働けない。働けない人間はどう頑張っても労働者である「貧乏父さん」にはなれないのだから「金持ち父さん」を目指すしかないのではないだろうか？ **親世代が到達できなかった労働フリーの生活を達成できたとき、ひきこもり・ニートは親世代を超えることになる。**

その時こそ、経済や世の中の仕組みを理解せず、与えられた作業をこなすことでいっぱいいっぱいだった親世代にえらそうな口をきく根拠を得ることになる。ひきこもり・ニートという立場から遠慮して長年言えなかった不平・不満をぶつけてやろう。

「仕事仕事を言い訳に、夫婦仲はボロボロで息子はひきこもり。家族崩壊してるじゃねえか。この歯車が！」と怒鳴りつけてやればいい。

「歯車にすらなれないヤツが、なに偉そうな口聞いてんだ!?」と反論されたら、いつもどおり自室に退却だ。

21 履歴書の空白を埋められる

経歴ホワイトアウト

ひきこもり・ニートの経歴は純白だ。真っ白どころかホワイトアウトを起こし視界不良。雪山で遭難し熟睡した状態をキープし続けている。

学歴は「〇〇高校中退」が最多。続いて「〇〇中学卒業」や「〇〇高校卒業」「〇〇大学中退」と続く。「〇〇大学卒業」はまれだが、いなくはない。不登校歴は記載する必要はないので、たとえ一日も登校していなくても「〇〇中学卒業」でOKだ。

職歴は空白が目に眩しい。一度も働いたことがないか、短期間で転々としていたかのどちらかだ。空白期間=ひきこもり・ニート期間なのはごまかしようがない。

真っ白な履歴書を見て不安になるのはひきこもり・ニートや親御さんだけではない。採用する側の企業も不安でいっぱいになる。

ホワイトな履歴書をみたホワイトな企業が気にするのは、以下の四つだ。

①仕事を辞めた（していない）理由
②短期間しか勤まらなかった理由
③空白期間があるのはなぜか？
④空白期間になにをしていたか？

この四つに一本筋を通し納得させてくれる応答を面接官は求めている。望む答えを与えてあげよう。

「在学中にはじめた株にすっかりはまってしまいまして。株中心の生活を送っておりました。どうしても買いたい銘柄が見つかりましたら、短期間集中して働くことで投資資金を稼いでおりました。空白期間は、毎日トレードをしておりました」

次に面接官が知りたいのはこれだ。

①株中心の人が、今回働こうと思ったのはなぜか？
②採用しても、投資資金が溜まったらすぐに辞めるのではないか？

不安でいっぱいな面接官には、こう答えて安心させてあげよう。

「恥ずかしながら、株で失敗しちゃいまして。遅ればせながら、地に足つけて継続して仕事をしていきたいと思っております」

株をはじめることで、仮に将来就労を目指す際にもプラスになることは間違いないだろう。

22 社会の役にたてる

ひきこもり・ニート。だけど高額納税者

無職やひきこもり・ニート、生活保護受給者らへの批判として最も手厳しく反論の余地がないものに「税金払ってないやつが……」という類のものがある。その意図は理解できるが、的を射ているとは言えない。ひきこもり・ニートといえども、飲食物や漫画、ゲーム、フィギュア等を購入した時に消費税を払っているからだ。

批判する人が言いたいことは「ちゃんと働いて税金(所得税、住民税)払え」だと思うが、株さえやっていればこの種の批判は無視していいことになる。例えば、100万円の株を買って、それが200万円になった時点で売ったとする。100万円の儲けだ。さて、課せられる税金はどれくらいか? 住民税と譲渡益税などで20万円と少しとなる。ひょっとすると、ひきこもり・ニートでありながら、

汗水涙たらして働く労働者よりも多くの税金を払うこともできるかもしれない。
「ひきこもり・ニートなんてクズだな」なんて言ってくるやつがいたら「あなた、税金いくら払ってます？」と言い返してやればいい。

「他人に迷惑をかけたくない」心理の真理

世の中の人がひきこもり・ニートたちに危機感、あるいは嫌悪感を抱く大きな理由の一つは、ひきこもり・ニートらが将来、生活保護受給者になる可能性が高いからだ。

生活保護受給者が増えると、その人たちの生活費すべてに加え、医療費やら介護費やらも全額、税金から支払われることになる。おまけに、生活保護受給者80人あたりに1人ケースワーカーをあてがわなければならないので、生活保護受給者が増える＝ケースワーカーが増える＝その分の人件費（税金から支払われる）もアップする。その人たちを養うための財源を確保するために消費税もろもろ税金はアップし、まっとうに働いている人たちの暮らしを直撃する。働いていない人たちのおかげで、働いている人たちの暮らしが脅かされることになる。どんなに言い繕っても、それが現実だ。

ひきこもり・ニートの中には「他人に迷惑をかけたくないから」「自分が社会に出ると皆の迷惑だから」とひきこもっている人もいる。「ひきこもり続けた先はどうなるの？」「生活保護受給者となって結果的に社会に迷惑をかけることになるんじゃないの？」等の都合の悪い指摘は馬耳東風なので、ひきこもり続けた末に生活保護受給者となり、他人様に迷惑をかけるというパラドキシカルな結末に陥っている。

誰も望まない不幸な結末を迎えてほしくないと本気で考えているのなら、嫌われる勇気をもって、教えてあげよう。

「ひきこもり・ニートのあなたが生活保護受給者になったら、およそ1億円〜2億円のお金が公金から支払われることになる。そのお金はまっとうに納税している国民全員で負担することになる。おかげで税金や社会保険料負担は増え続けていて、みんな、生活が苦しくなっている。働けないのだから、働かなくていい。今日から株をやりなさい」と。

ひきこもり・ニートが株をやり税金を納めるということは、弱者を助けるだけではなく、普通に働いて納税している一般人を助けることにもなる。普通に働いて納税している人たちからしたら、公金をもらって生活している人（政治家、公務員、生活保護受給者、NPO法人、社会福祉法人、補助金や入札目当ての法人、国策ワーカー……etc）が増えることは、自分たちの払う税金が増えることとイコールであり、歓迎できるものではない。

いっこうに成果のあがらないひきこもり・ニート支援を謳うNPO法人が増えるより、税金を払うひきこもりニートが増える方が、普通の人の暮らしをよくすることに繋がる。ひきこもり・ニートが株をやることは、ダイレクトに社会の役に立つことになり、結果的に日本を救うことになるのかもしれない。

23　主体性を獲得するチャンスになる

白雪姫シンドローム

心理学的な視点から、株式投資をすることによって得られる内面的なメリットについて述べる。

ひきこもり・ニートの人たちは責任を追及されることが大キライなので、自分のことですら自分で決めない。家族に決めてもらったり、知り合いに決めてもらったり、占いに決めてもらったり、決めなかったり。なにか問題が起きれば、それを決めた誰かのせいにできるようにしておこうとする。

自分ではなにも決めず、なにもしない。このような病理は心理学の世界では「白雪姫シンドローム」と呼ばれている。勧められるがままにリンゴを食べて眠りにつき、されるがままにキスをされ起こされ、請われるがままに結婚をする。物語を思い起こしてみるとわかるが、白雪姫は自分から行動を起こしたことは一度もない。

若くて美人であれば完全に受け身であってもある程度は人生を渡っていけるかもしれないが、ひきこもり・ニートに若くて美人はいない。白馬に乗った王子からも、毒リンゴを持つ魔女からも、ペットを欲しがるエリートOLからも、どう足掻いても相手にされそうもない面々だ。

白雪姫、株を買う

株式投資は自己責任のノンフィクション。儲かれば自分の手柄だし、損すれば自分の失敗だ。どの株を買うのか。いつ買うのか。どれくらい上がったら売るのか。どれくらい下がったら売るのか。しばらく持ち続けるのか……etc。すべて自分で決めなければならない。それは、「自分の行為を自分で決めて、自分で責任をもつ」トレーニングとなる。

若くもなく美人でもないひきこもり・ニートが受け身的な生き方をしていても、人生なにも起こらないし、物語はまったく展開していかない。

ひきこもり・ニートは若くはなれないし美人にもなれないが、受け身的なスタイルをやめ、主体的に生きることでストーリーを先へ進めることはできる。フィクションみたいに感じている人生を、ノンフィクションとして噛みしめることができるようになる。

株をやるということは、主体性を養う絶好のチャンス。

ひきこもり・ニートにとっては、止まったままの自分の物語を自分で動かすための大きな転機となる。

24 自立するチャンスになる

正社員をあきらめ、自立を目指す

メリットの一つとして親御さんウケが良さそうなことを述べておく。ひきこもり・ニートの自立の可能性についてだ。

僕は3年2ヶ月、公的機関のひきこもり相談員としてひきこもり・ニートや親御さんらと会っていた。公務員という立場ゆえ、自分の思いや考えを発言できる自由はなかった。それゆえ歯がゆい思いもしていたし、肝心な話を曖昧にぼかし続けてきた罪悪感も残っている。

フリーとなった今。親御さんから真剣に助言を求められたら。ごまかすことなく誠実に伝えたい。

「自立は諦めなくていいですけど、正社員は諦めた方がいいです」。

これまで再三述べてきたように、ひきこもり・ニートが「就労→自立」を果たす可能性は0に近い。正社員となり親元から独立するとなると、数百人に一人のキセキ。あくまで僕の個人的な経験の中ではあるが、3年2ヶ月行政で支援に携わり見聞きしたひきこもり・ニートの中では、たった一人しかいなかった。

そういった現実を考慮するのなら、自立するために就労を目指すのは得策ではない。奇跡的にアルバイト等で非正規雇用されたとしても、生涯、平均年収が300万円に達することがないという哀しい現実が待っているだけだ。まして、ひきこもり・ニートが採用される可能性があるのは「三種の辛技」と呼ばれている警備・清掃・介護に加え、コンビニやファストフードに倉庫の仕分け。「学歴不問！　未経験歓迎！」な職種はすべて先がなく将来性もなく、遅かれ早かれ行き止まりになること必至だ。

働く力に乏しいひきこもり・ニートの場合、「働いて金品を得る状態」を目指すのではなく、「働かないで金品を得る状態」を目指す方が理に適っている。

どれだけ遅くとも40歳を超えたら、ひきこもり・ニートが就労する可能性は諦めた方がいい。単発のバイトや派遣であれば、雀の涙ほどの希望は残るかもしれないが、「正社員→自立」の夢は来世に託そう。

叶わぬ苦労所得を追うよりも、不労所得で現実を生きよう。

ひきこもり・ニート業界のレジェンド

ひきこもり・ニート業界には偉大な先人がいる。世界で最も長い小説の一つとして挙げられることもある『失われた時を求めて』を書いた人。マルセル・プルーストさんだ。

プルーストさんは51歳で亡くなるまで、ろくに働いたことがない。パパは医学者。ママはユダヤ系株式売買人の娘さん。富裕層であったため、まったくもって働く必要がなかった。大学在学中から親の金で放蕩三昧の生活を送り、37歳から晩年まではほとんど小説だけを書いて日々を過ごした。親御さんは世間体もあるのでなんとか働かせようとはしたものの、ことごとく失敗。

なんだか現代日本のひきこもり・ニートと同じ匂いがプンプンしているが、世界中で読み継がれる作品を後世に遺している正真正銘のレジェンドひっきーだ。

先輩に続けとばかりに、小説や漫画、エッセイなどの創作に励むひきこもり・ニートは少なくない。最近の傾向としてはライトノベルや脚本を書いてデビューを狙うのが主流となっている。未だ成功した人を聞いたことはないが、分母が多くなればなるほどクオリティはあがっていく。

ひきこもり・ニートは今後しばらく増え続けると予測されているため、近い将来、「現代日本のプルースト」として華々しくデビューを飾る人が現れるのも、あながち夢物語ではないのかもしれない。

10年、20年と無為に過ごした日々。ひきこもりで失われた時を取り戻そうと、一発逆転を求めて、今日もひきこもり・ニートは机に向かう。

第4章 ひきこもり・ニートが株をやるデメリット

株式投資をすることによるリスクについては、一般向けの投資指南本では触れられているが、ひきこもり・ニートの場合はどうなるのか？

この章では、ひきこもり・ニートが株をやることで起こりうるデメリット・リスクについて考えてみよう。

25 「ますます働かなくなるんじゃないか？」心配した親がうるさくなる

キセキにチャチャをいれない

ひきこもり・ニートの親御さんの世代は、株を「敷居が高い」「マネーゲームだ」「額に汗する労働こそが尊い」として敬遠する人も少なくない。そのため、ひきこもり・ニートの子どもが株をはじめた、となったらさあ大変。損をした、となったら「それ、見たことか」と鬼の首でもとったみたいに大騒ぎ。

そんな親御さんにお尋ねしたい。

「株をやらなかったこれまでのお子さんは、働いていましたか？」

「株をやろうがやるまいが、どちらにしろ働かないのではありませんか？」

株にかぎらず、ひきこもり・ニートがなにか新しいことをはじめたら、たいていの親御さんは驚き、慌てふためく。そして、我慢できずに余計なひと言を述べて台なしにしてしまうことすらある。すごくもったいないことだ。親御さんの態度としては、騒ぎ立てることなく、無関心でいるでもなく、気がついた上でそっと見守る姿勢が望ましい。**ひきこもり・ニートが新しいことに取り組むというのは、それだけでキセキ的なことなのだから。**

親御さんがうるさくなったらなったで、ひきこもり・ニート本人も色々なことを考える。「ほら、やっぱりオレがなにかしようとすると、親がジャマをするじゃないか」「いつもこうだ。ずっとこの繰り返しだよ。親のせいで人生めちゃめちゃだ」と。

そんなひきこもり・ニートにお尋ねしたい。

「株をやらなかったこれまでは、親御さんは静かでしたか？」

「株をやろうがやるまいが、どちらにしろ、親御さんはうるさいのではありませんか？」

これまで働かず部屋にこもってばかりのひきこもり・ニートが新たなことにチャレンジすること自体がキセキへの第一歩である。親御さんが心配になる気持ちも分かるが、ここで我慢できなければ子どもはずっと変わらずひきこもり・ニートのままだ。

ひきこもったのは誰のせい？

ひきこもり・ニートは他責傾向が強い。自分がひきこもったのは「親のせいだ」とし、自分には何の責任もないという姿勢でいることすらある。ひきこもり・ニートの名誉のためにもはっきり言っておくが、親御さんのせいにするのはあながち間違いではない。

押川剛氏は著書『「子供を殺してください」という親たち』の中で、「家族にもおかしなところがある」と述べ、「親自身も、生き方（対応）を改める心構えを持つことです。現実は、もはや第三者の介入なしには、子供とまともに話をすることすらできないのです。そうである以上、子供が本来あるべき社会生活を送れるようにするためには、自分の非を認め、真摯な気持ちで周囲に協力を仰ぐしかありません」と批判を恐れずに語りかける。押川氏の見解は、支援者であれば誰でも腹の中で抱えているものである。

ひきこもった原因を親に求めるひきこもり・ニートへウソ偽りなくアドバイスすると、こうなる。

「あなたが思っているとおり。あなたがひきこもってるのは親御さんに原因がある。支援者は口には出さないけど、みんなわかっているから、安心していいよ。さらにムカつくことかもしれないけど、親御さんはあなたの人生をめちゃめちゃにしたくせに責任をとれないんだ。あなたの人生に責任をとれるのは、あなただけなんだよね」

お互いに自らの責任を認めなければ、そこから進むことはできないだろう。

26 元本割れすると情緒不安定になる

元本割れは当たり前

ひきこもり・ニートは弱い。とにかく打たれ弱い。繊細と言い換えてごまかそうとしても、ごまかしきれない。一般成人と比べて勝っているところがあるとすれば、脆弱性くらいのものだろう。

もし、「15万円で買った吉野屋の株が14万円に下落し、元本割れした」なんてことになったら、不安・不眠・イライラ・気分の落ち込み・なにも手につかない……etc。情緒不安定な子どもを見た親御さんもつられて情緒不安定となり、「もう株はやめなさい！」と極端な結論に走ることは想像に容易い。

しかし、株をやっていれば、元本割れはしょっちゅうある。株をやっている以上、元本割れは当たり前。みんな、カッコわるいとかアタマわるいとか思われたくないから言わないだけで、株をやっていて元本割れをしたことない人なんていないはずだ。そもそも、ひきこもり・ニートは人生そのものが元本割れとなっているようなもの。いまさら気にしても仕方がないと腹を括ろう。

生きていればイヤなことだらけ

社会で生きようとすればイヤなことは日常茶飯事。世の中イヤなことだらけだ。朝は布団から出たくないし、通勤電車は不愉快だし、職場の同僚は自分をのぞいて楽しそうに話してるし、つゆだくで注文したのにつゆ少ないし、おネエちゃんのはずがおバアちゃん出てくるし、「ドリンク飲んでもいい?」としつこいし……etc。どうやら生きている最中は、イヤなことはついて回るらしい。

社会から避難しているひきこもり・ニートは、「イヤなこと」への耐性が落ちている。心理学でいうところの「不快なものを抱えるキャパシティ」「欲求不満耐性」が不足気味だ。

人間の器ともいえる「不快なものを抱えるキャパシティ」の大小は、人の生き方の大枠を決定づけることになる。キャパシティが少ない人は、離婚、虐待、DV、ストーカー、ケンカ、トラブル、クレーマー等に象徴されるような衝動的で波乱万丈な人生を過ごしがちである。一方で、キャパシティは不足しているけど他人に迷惑をかけたくないと願う人は、人や社会から遠ざかり、ひきこもることになる。

元本割れは、心優しきひきこもり・ニートのキャパシティを大きくするために必要な「イヤなこと」の一つだ。ひきこもって以来、はじめて経験する「イヤなこと」になるかもしれない。

株の元本割れを抱えることで、人生の元本割れを抱える耐性が増したら一石二鳥。「株も人生も元本割れだよ、ははは（笑）」と笑い飛ばせるくらいのキャパシティを持てるようになったら最高だ。

27 親が証券マンと引き合わせようとする

合法的な詐欺師相手には、人間不信が役に立つ

証券会社の営業マンは人を騙すプロ中のプロ。マインドコントロールのエキスパート。そんな百戦錬磨の輩と対峙したら、コミュ障であるひきこもり・ニートはひとたまりもない。

キャンペーンという名の巧みな営業。自分では理解できない商品を買わされ、手数料を取られ、「商品を買い替えましょう」と言われ、手数料を取られ、気がつけばすっからかんにされてポイ、というのはよくある話だが、ひきこもり・ニートに限っては、このような心配は一切しなくていい。なぜなら、**これまで人間関係で散々痛い目に遭ってきたひきこもり・ニートは、基本、他人をまるで信じないからだ。**はじめから他人になにも期待していない。

証券マンは人を騙すプロだが、人を支援するプロではない。ひきこもり・ニートは、一瞬の対峙でそれを見抜く。それどころか、対峙することすらしない。巧みに隠された胡散臭さを会うことなしにかぎ分ける。だから、証券マンはひきこもり・ニートから相手にしてもらえない。臭いに過敏になっているからこそひきこもっているともいえるが、金融業界の人物相手にはそれくらいで丁度いい。投資に興味・関心のある一般人も、その点についてはひきこもり・ニートの姿勢を見習っておいて損はないだろう。

代表戸締役社長として守りたい家がある

むしろ心配なのは親御さん世代だ。

右肩上がりの高度経済成長とバブルを経験した世代の親御さんには、チヤホヤされるのにめっぽう弱い人が目立つ。金融機関への信仰も根深い。「株をやるんだったら、○○証券の△△さんに相談するといいわよ」「うちは代々、○○証券にお世話になってるんだから」等と言い出そうものなら、「うちは代々、○○証券に貢いでます」と発言しているようなもの。マインドコントロールは先祖代々、しっかり相続されている。

親御さんが籠絡されている場合、資産を守るためにはひきこもり・ニートが頑張るしかない。

ひきこもり・ニートは親がキライだ。キライどころか、殺したいほど憎んでいることもある。実際に殺すことすらある。しかし、それほど嫌悪する親よりも「善人のフリをして他人の親を騙して金をむしり取りながらイケてるビジネスマン気取りのヤツ」の類が心底嫌いなはずだ。そういうイヤなヤツと関わりたくないから、そういうイヤなヤツが偉そうに歩いている社会に納得がいかないから、ひきこもっているはずだ。

もし、親御さんがひきこもり・ニートの言葉に耳を貸さないときには、髪を短くし、スーツを着るだけでOKだ。内面の変化は一切必要ない。人間は他人を見た目で判断するようにつくられている。信用されやすい見た目がどんなものかわからなかったら、証券マンの見た目を完コピしておけば完璧だ。

自宅警備員では役不足。代表戸締役として、家と資産の戸締りという重責を全うしよう。

28 安定収入がないため生活が苦しくなる

永遠の0

一般人向けの投資指南本では、仕事を続けながら給料から余剰分を投資に回す提案をしていることが多い。給料のほとんどを株につぎ込んでいるようでは生活が成り立たなくなってしまうし、躁うつ病も疑われるしで、よいことはない。安定した収入・生活基盤があってこその投資というのは極めて現実的である。

では、ひきこもり・ニートの場合はどうだろうか？

ひきこもり・ニートは仕事をしていない。働いていない。働いていないので安定収入どころか収入そのものがない。年収は0、生涯賃金も0だ。安定収入があれば経済的・精神的な土台とし、投資にも余裕をもって臨むことができるが、それは望むべくもなさそうである。

しかし、ひきこもり・ニートには最強の安定基盤がある。それは、親と同居しているということだ。

親元で暮らしている＝安定収入である。株をやろうがやるまいが、親がポシャるか死ぬかしない限り、生活は安定している。親に全面的に依存しているというのは恥ずかしくてカッコわるいことかもしれないけど、全面的に依存できる経済レベルの親がいるというのは、誇りに思っていいことかもしれない。

繰り返すが、ひきこもり・ニートは人生そのものが元本割れとなっているようなものである。親御さんからしたら、期待して買った我が子という株がいつの間にやらひきこもり・ニートとなり元本割れしてしまい、手放すこともできず、そのまま塩漬けになっている、そんな状態だ。いまさら気にすることなく、寛大な心で、これまでと同じようにがっちりホールドしてくれるだろう。

衣・食・住の提供以外をしない、求めない

ひきこもり・ニートの親御さんは、「過保護・過干渉だ」と周囲から批判されがちである。これはフェアではない。

なぜなら、一般的になにをしたら過保護で、なにをしたら過干渉となるのかを親御さんは理解していないからだ。批判する人は「過保護・過干渉だ」と言うくせに、なにが過保護でなにが過干渉なのかは語ろうとしない。ひょっとしたら自分自身よくわかっていないのかもしれない。だが、批判するからには、ごまかさずに、なぜそう思ったのか根拠を示す責任があると思う。

三度の飯より批判が好きな僕の意見は、**思春期を過ぎた健常な子どもには衣・食・住の提供だけをする。それ以外はすべて過保護・過干渉である**というものだ。

電話は自分でかけさせよう。子どものバイト先に連絡をするのはやめよう。25歳の息子に「トイレいっときなさいよ」と声かけするのはやめよう。子どもがゲームをするのを夜な夜な隣で眺めるのはやめよう。子どもの通帳をチェックするのはや

めよう。部屋の掃除は自分でさせよう。進路は本人に選ばせよう。
そして、どの株を買うかは本人が決めよう。

29 株だけに没頭してしまう

昼夜逆転からの大逆転

ひきこもり・ニートには「やることも考えることも幅が狭い」という性質がある。行き慣れた場所には一人で行けるが、行ったことのない場所へは親御さんと一緒じゃないと行けない。やり慣れたゲームをひたすらやりこみ、新しいゲームには「興味がない」と見向きもしない。端的にいうと、思考も言動もワンパターンである。そういった性質があるため、家族や支援者がどんなアドバイスをしても届かない。まさに『新世紀エヴァンゲリオン』に登場するバリア「ATフィールド」の如くである。もちろん、本書で提案している株式投資も例外ではなく、強固なATフィールドを貫通することは難しいかもしれない。ひきこもり・ニートが「やったこともなく興味もない」株に手を出してみるとは考えにくいためである。

だが、一度のめり込むとワンパターンに没頭するのもひきこもり・ニートの特徴である。それまでの態度がウソのように、株だけに時間とエネルギーとお金を注ぎ込んでしまうことも十分考えられる。そうなると親御さんとしては「昼夜逆転するんじゃないか？」等とさぞや心配になることだろう。

だが、どうか安心して頂きたい。株式市場が開いているのは原則昼間である。没頭するくらいになると、リアルタイムで売買が盛り上がる瞬間にどうしたって立ち会いたくなるものだ。デイトレードであれば9時に市場が開いてからの30分が勝負とも言われているので、昼夜逆転どころか、規則正しい生活リズムの確立も夢ではない。

それでも親御さんは、「食べるのも眠るのも忘れるくらいで心配なんです」と言うかもしれない。

だが、こうは思わないだろうか？　**寝食を忘れるくらい没頭するものがあるのは幸せなことだ**、と。どうせ没頭するのなら、ゲームや動画、深夜アニメよりも、投資に没頭している方がマシなのではないだろうか？　ネトゲに課金してもなにも残らないが、株を買えば株が残る。ひきこもり・ニートが株をやるということは、親御さんにとってもメリットがある話である。

親戚や知り合いから「お宅の○○君はいまなにしてるの?」等と聞かれたときに、「なんか株にハマってるみたいなの」と応答することが可能となるからだ。ひきこもり・ニートが株をやる以前の親御さんはおそらくは、「30歳過ぎたのに働きもせずにずっと家にいる」とはみっともなくて口が裂けても言えなかったはずだ。余計な詮索をされるのをイヤがり、親御さん自身がひきこもりがちとなっているケースも少なくない。

株式投資をきっかけとして、惨めな気持ちを抱いていた過去を損切してほしい。

30 性格が偏る

戦わないベジータ

斉藤環氏の著書『ひきこもりはなぜ「治る」のか?』では、「自信がないのにプライドが高い」のがひきこもり・ニートだと指摘されている。働く自信がないから働かない。プライドにしがみついているので、アルバイトでもして周囲から「使えないヤツ」とバレるのがイヤだから、働かない。働かない理由として多いのは断トツで「体調不良」だ。

「体調がわるいんで」「体調よくなったら働きたいんですけど」など色々な理屈をこねるが、もちろん、体調がよくなることは一生ない。

低い自信と高いプライドで二重に拘束されているひきこもり・ニート。せめて『ドラゴンボール』のベジータのように自信もプライドも高ければ堂々と戦えるのに、実に惜しい。フリーザを目の前にしたベジータが「ちょっと今日は体調わるいんで」と言っていたら悟空も呆れるはず。

ただし、自信とプライドが高くても戦闘力が5であれば瞬殺されるだけなので、逃げた方がいいだろう。

「お前はもう偏っている」

ひきこもり・ニートは元々、偏屈だったり頑迷だったり我儘だったりする。生真面目だったり怠けものだったりナルシストだったりする。つまり、株をやろうがやるまいが、すでに性格は偏っている。断っておくが、性格がよい・わるいといった類の話ではない。後述するが、厚労省の定義でも、ひきこもり・ニートの中に「ふつう」な人は存在しないとされている。

「体調不良」を平然とアピールする人物が企業内に存在したら、「あの人、また体調不良アピールしてるね」などと周囲から「めんどくさい人」認定されるのは想像に難くないであろう。

そもそも、ふつうの性格であったなら、ひきこもり・ニートなんてやっていない。ふつうの人と同じようにふつうに働いたり、ふつうに飲み会したり、ふつうにデートしたり、ふつうにあんなことやこんなことをする。ふつうにそんなことができれば、そうしたいのはやまやまだ。そんな「ふつうにやれない」性格であることはひきこもり・ニート本人が一番理解し、一番嫌悪し、一番苦しんでいることである。だからこそ、ひきこもっているのだ。

株をやることで性格が偏ることは心配しないでいい。

むしろ、ふつうの人がやるようにふつうに株をやれたら、ちょっとだけ自信をもってほしい。

「あ、オレなんかいま、ふつうっぽいことしてるな」、と。

31 親に金をせびるようになる

植物系男子とギャンブル男子

ひきこもり・ニートには欲がない。草食系どころか草すら食べない。食べないどころか、自らが草みたいになっている。鍋田恭孝氏は著書『子どものまま中年化する若者たち』の中で、「培養される植物のような生き方」と表現している。親から水と養分（食べ物）と土（自室）を与えられ、自ら求めることはせず、与えられる範囲内だけで生きている、と。

そんな植物系ひきこもり・ニートが金をせびるようになったら、それは喜ばしいことだ。植物から動物へと進化を遂げようとしているのかもしれない。次章でも述べるが、**贈与をする絶好のチャンス**にもなる。お金を求めてきたそのタイミングを逃さず、贈与をしてしまいたい。

ただし、家庭内外で金銭トラブル歴があるひきこもり・ニートには要注意。彼・彼女らは大人しそうなイメージのひきこもり・ニートに擬態した肉食動物である可能性が高い。獰猛な肉食動物は世間では歓迎されないがゆえに、疎外された結果として、仕方なく自宅にこもっている。いわば、手負いの獣だ。

金銭トラブルの原因がパチンコ、競馬、競輪等のギャンブルやゲーム課金、アルコールや薬物等であったなら、一発レッドカード。衝動のコントロールが困難なひきこもり・ニートは、知的障害や発達障害、精神障害等が背景にある可能性が高いと専門家はジャッジを下す。株をやる名目でお金を与えたとしても、株がギャンブルとなるだけだ。僕の提案する株のやり方とは相いれないので、ギャンブル系のひきこもり・ニートは株をやるべきではない。しばらくは治療に専念しよう。

「社会人」をやるには金がかかる

ひきこもり・ニートのほとんどは親に遠慮してお金をくれと言えない。決して謙虚というわけではない。これまでの親子関係の歴史から「お金をもらうとその見返りとしてなにかを要求される家」に自分が生まれてしまったことをしっかり学習しているから、言わないだけだ。

しかし、**お金が0の状態で社会と繋がりを保つのは不可能に近い。**

社会と関わりを持つにはお金がかかる。バスや電車に乗るには交通費がかかるし、誰かとお茶したりカラオケしたり飲みにいくのも料金フリーではない。外食するのもタダではないし、異性とデートして全額相手に支払わせたらヒモか商売だと疑われることになる。

ひきこもり・ニートの子どもに、社会と関わってほしいと本当に望んでいるのであれば、親御さんは一定額の現金を支給することを検討した方がよい。本来であれば自分で働くなりして稼げばいいのだが、それができないのだからやむをえない。

自分から「お金ちょうだい」と言ってくれればいいのだが、言えないのだから仕方がない。あくまでも社会と接点を持つための「必要経費」と割り切り支給しよう。

手持ちの現金でやりくりする経験を積んでもらうためにも、以下の二点をルールとして採用しておこう。

①支給は月毎の定額制
②支給後どう使おうが一切口を出さない

毎月の決まった必要経費を払うだけで、ひきこもり・ニートの子どもが社会と繋がりを持つきっかけになるのなら、安いものだろう。

32 デメリットなんかない

性格は変わらない、行動は変えられる

ひきこもり支援において、支援者がひきこもり・ニート本人と会えない場合、親御さんと面接を重ねていくことになる。面接ではひきこもり・ニート本人の生活状況を尋ねるのだが、その答えは毎回同じで、「なにも変わらないです」である。

ひきこもりが長期化している背景はここにある。ひきこもり・ニートのほとんどは穏やかなので、とりたてて目立つ害がない。下手に刺激して状況が悪化するよりは、なにも変わらないでいてくれる方がマシだという側面がある。親御さんは、わが子が変わらないことに焦りを感じつつ、変わっても焦る。

人の中身は変わらない。ある心理検査での追跡調査の結果、15歳を過ぎると、人間の性格（パーソナリティ）はほとんど変化しないということがわかっている。そ

うなると、ひきこもり・ニートの性格を変えようとするのは見当違いのアプローチということになる。性格は変わらない。では、変えられるものはなにか？

行動だ。

行動を変えることで、人は変わる。変化という強烈なものではなく、性格の幅がひろがっていくイメージだ。

だから、ひきこもり・ニートが行動を変えたら、全力で支持しよう。生まれて初めて一人で電車に乗ったらとにかく褒めよう。近所の人に「こんにちは」と挨拶をしたら拍手をしよう。履歴書を書いたらコピーを取り額縁に入れよう。

そして、株をやるのなら出資しよう。

それが、数十年間まったく変化していない親御さんに求められる小さな変化だ。

世間のものさしでひきこもり・ニートは測れない

ひきこもり・ニートは家の中にいるが、社会の枠の中にはいない。

それゆえ、**一般人が投資を行う際に気にするようなリスクやデメリットを考慮する必要はない**というのが僕の見解だ。

なにをしても、なにもしなくても、今まで通り生活は続いていく。これまでの生活は親御さんが支えているし、これからの生活も親御さんが支えていくだろう。親御さんが支え匿っているから露呈していないだけで、ひきこもり・ニート単体ではとっくにポシャッており、「隠れ破綻」といっていい状況にある。すでに詰んでいる人間に対して、詰んでいない人間向けのロジックは無意味だ。

投資の際のデメリットなんかは、一般人が気にしていればよい。一般人のものさしは、一般人を測ることしかできない。

ひきこもり・ニートは一般論の外にいる。

相談するならどこがいい？

子どもがひきこもり・ニートとなったらどこへ相談に行けばいいのか？　行政と民間についてそれぞれのメリット、デメリットを見てみよう。

行政の支援はお上から指示されたことを無難にこなしている。「ひきこもり・ニートや親御さんに害をなさない」ことを最優先に考えているので、突飛なことをやらかさないのがなにより安心だ。ボクシングなら地味にジャブを打ち続ける。サッカーならパス回しをしっかりこなす。地道にコツコツ耐え忍び、チャンスがくるのをひたすら待ち続ける。何年経ってもチャンスがこないことは多々あるが、相談料は無料だ。

民間の支援機関には二種類ある。補助金に頼らず勝負している民間（株式会社など）と、公金で運営している民間（NPOが多い）だ。民間はトップのパーソナリティですべてが決まる。トップがクレイジーだと、なにをしでかすかわからない。莫大なお金を取られ、成果なし。お金にとどまらず命までとられる。ボクシングなら繰り出す拳が全部一発狙いの大振りパンチ。サッカーならボールを持ったら即シュート。決まればデカいが、外してもデカい。ただ、お金を取る分、なんらかのアクションは起こしてくれるはずだ。

相談先を決める際に最も参考になるのは、有資格者の在籍状況だ。

アブない団体に有資格者はいない。臨床心理士、精神保健福祉士、社会福祉士、看護師、医師などが複数人在籍していなかったとしたら、その組織には専門家が近寄らないなんらかの理由があると思って間違いない。

お金さえ払えば誰でもとれる民間資格（ひきこもり支援相談士、○○認定心理カウンセラーなど）の有無は、逆の意味で参考になる。つまり、それくらいの資格しか取得できないスペックと、その資格取得レベルの覚悟と研鑽とで支援に携わってよしとするメンタリティの持ち主であるということがわかる。

これらを肩書として名乗っている支援者がいたとしたら、資格ビジネスに搾取された可哀そうな人物なので、心の中で「ご愁傷さま」と憐れんであげてほしい。ひきこもり相談を謳う業者の中でも、とりわけ、ひきこもり・ニートに投資や株を勧めてくるような輩には近づかない方が賢明だ。

第5章 種銭をどうするか？

株式投資は運用する資産がなければはじまらない。株をやるにはお金が必要だ。働いていないひきこもり・ニートはどこから、どうやって調達することができるだろうか？

この章では、ひきこもり・ニートが株をやるために必要な資金＝種銭をどう調達するかについて考えてみよう。

33 親からもらう

100万円のお年玉

僕が従事していたのは行政のひきこもり相談であるため、生活保護受給者や母子家庭など低所得層が主な相談者ではあったが、中には資産家といえるような人もいた。高資産ひきこもり・ニート家族を見て、いつも「相続対策のためにも、さっさと贈与しちゃえばいいのに」と思っていた。

お金に余裕のある親御さんや祖父母さんは、いますぐ贈与を開始してほしい。相続税の負担を少しでも減らすためにも、子や孫に贈与するというのは節税の基本中の基本だ。

ただし贈与税を払うのはもったいないので、「年間110万円以内」ルールを忘れずに。年間110万円までの贈与であれば、税金がかからず、丸々110万円を相手に渡すことが可能だ。10年続ければ1100万円になる。手間はかかるが、贈与であることがしっかりとわかるように贈与契約書をその都度、作成しておこう。最近では税務署から贈与を否認されないために、金融機関が贈与であることを証明してくれるサービスもあるので、使ってみるのも一つの手だ。

バラエティ番組で、とある芸能人が正月に100万円のお年玉をもらうということがエピソードとして紹介されていたことがある。富裕層の家庭であれば年初めの恒例行事ともいえるが、地上波を利用しての贈与証明だとしたら斬新である。

教育資金の一括贈与の非課税枠1500万円（平成31年3月31日までに行われる贈与が対象）にはすぐに飛びつかず要検討。僕個人の意見では、教育資金贈与を利用するのなら、「本人の意思で強い希望がある」ことを大前提にすべきだと思う。

ひきこもり・ニートは自分で自分のことを決められないため、代わりに親御さんが子どもの人生に関わるすべての決定をしているということが多々見られる。親御さんが高校進学や大学進学を希望し、親御さんがお金を出す。それでは誰の人生なのかわからない。

本人が主体的に選ぶのなら、迷わず、黙って、お金を出そう。それが親から子への、本来あるべき投資なのだから。

お金を渡したら働かなくなるのか？

「なにもしないでもお金がもらえるとわかったら、働かなくなりますよね？」これは、ひきこもり相談員をしていた頃、親御さんからよく聞かれたフレーズである。

当時の僕は適当にはぐらかしてきたが、誠実にお答えすると「なにもしないでお金がもらえても、もらえなくても、働かない人は働きません」となる。

たしかに、なにもしないでもお金がもらえるのなら、働かなくなる人は少なくないであろう。

生活保護受給者となった人が、生活保護を辞退する理由として最も多いのは「死亡」か「失踪」である。ほとんどの人が、なにもしないでお金をもらう生活を死ぬまでずっと続けることになるのだ。

どこの書店へ行っても、投資・金融関連本の棚は充実している。溢れんばかりの投資関連本のほとんどが「不労所得を得ること＝働かないでもお金が得られる状態」をゴールと位置付けている。

一般人向けの理屈としては親御さんの言うことは合っている。だが、ひきこもり・ニート向けの理屈としてはピントがズレている。親御さんもどこかで気がついているはずだ。**ひきこもり・ニートは、お金に困っても働くことはしないし、お金が余っても働くことはしない**、と。

自分で稼いだお金を誰かに無償で与えるのは、心情的には強い抵抗が生じる。ましてその相手は、いい歳になっても働かないひきこもり・ニートだ。しかし、親御さんにある程度の資産があるのなら、遅かれ早かれ相続は確実に発生する。

高度経済成長というフィーバータイムで稼いだそのお金。設定の厳しい台に座り続けるしかない子ども・孫世代に引き継いでほしい。

あなたの大切な資産。

「母さん助けて」と電話で訴えてくる誰かに渡してしまう前に、電話をかけることすらできないひきこもり・ニートを助けるために使ってください。

34 貯めておいたお金を使う

植物のような平穏な生活

ひきこもり・ニートには欲があまりない。ゲームやネットで時間をやり過ごせていればそこそこハッピーで、「車がほしい」はおろか、「新しいゲームが欲しい」「あれが食べたい」すらない。そのために働くくらいなら、「じゃあ、いらない」となる。欲がないと働いてお金を稼ごうという気にはなれないし、社会とつながる動機も出てこない。「う〇こ製造機」と揶揄されることもあるひきこもり・ニートだけど、本当にメシ食ってう〇こしてるだけのような人もいる。

テレビゲーム『バイオハザード』に登場するゾンビは死んでるくせに動くけど、ひきこもり・ニートは生きてるくせに動かない。周囲の人たちからしたらどちらも困りものだが、当の本人たちからしたら知ったことではない。自分たちの平穏を脅かそうとするアリスにもクリスにも、いい加減うんざりだ。培養植物のような生き方を実践してはいるものの、植物ではないので、部屋にこもってネットやゲームといった培養をジャマされるとさすがに怒る。

荒木飛呂彦氏の漫画『ジョジョの奇妙な冒険』に登場する吉良吉影が目標とした「激しい喜びはいらない……そのかわり深い絶望もない……植物の心のような人生」を実践しているのが、日本のひきこもり・ニートなのである。

貯蓄の王者

欲がないひきこもり・ニートは、もらったお年玉やらなんやらをしっかりと貯蓄している。無頓着にほったらかしにしている人もいれば、毎日通帳を眺めては増えも減りもしない金額を確認して安心している人もいる。貯蓄に関しては、ひきこもり・ニートがチャンピオン。そこらのファイナンシャルプランナーなんか足元にも及ばない。「小学校の頃にもらったお年玉がそのまま全額残っている」なんてこともめずらしくはない。

使いみちのないそのお金。親御さんに没収される前に、株に換えてしまおう。

あくまで僕の肌感覚だが、ひきこもり・ニートの全個人資産はだいたい数千円〜十数万円程度だと推測される。5000円を「なにかあったときの切り札」として後生大事にとっている26歳の若者もいたし、「久しぶりに通帳をみたら9万円もあることがわかって嬉しくなった」という42歳の中年もいた。

シャープ株は1万円前後、東芝株は2万〜3万円程度で買える（2016年7月現在）。

貯蓄0の世帯が増えているなか、ひきこもり・ニートはシャープ・東芝等といった昭和日本を牽引してきた企業の株主になれる貯蓄を有している。

35 こだわりのグッズを売る

手放すべきはモノではなく、こだわり

ひきこもり・ニートには欲がないため新たに何かを欲しがることはないが、すでに手元にある物にはこだわり、手放すことができない。小学生の頃に流行ったゲーム、思春期に一人で読みふけった漫画本、一度も通うことのなかった中学の教科書……etc。過去にしがみついているから未来を描けないのか、未来を描けないから過去にしがみつくのか。おそらく両方なのだろう。

株をやると決め、元手となるお金が必要な今がチャンスだ。これまでしがみついてきた物、出来事、思い、考え、生活スタイル。それらを手放すことは大きな変化。数年前なら断捨離。いまならミニマリスト。佐々木典士氏の著書『ぼくたちに、もうモノは必要ない。』のように腹を括ろう。ひきこもり・ニー

トの性質を考慮すると、決してできないことだと思う。だからこそ、手放すことができたら、もうひきこもり・ニートではない。

ときめくモノも全部売る

『人生がときめく片づけの魔法』の著者で米国の雑誌『TIME』において「世界で最も影響力のある100人」に選ばれた近藤麻理恵氏。こんまりの愛称で知られる近藤氏は、処分するかどうか迷った際の判断基準として「ときめくか、ときめかないか」を提案している。ときめくものは残し、ときめかないものは処分しよう、ということだ。

こんまり流には反するが、ひきこもり・ニートはときめくモノこそ処分しよう。これまでこだわってきたモノを処分してお金に変えてみる。その際の判断基準は「ときめくか、ときめかないか」ではない。「売れるか、売れないか」だ。

そして、それを決めるのはひきこもり・ニートではなく、赤の他人で構成される市場である。

ゲーム、漫画、フィギュア、アニメ関連グッズ、小説、自己啓発本……etc。

おそらく、ひきこもり・ニートが大切にしてきたものは数百円〜数千円の価値にしかならない。埃と異臭にまみれてしまっていることを考慮すると数十円にしかならないかもしれない。だが、それでいい。

とにかく、売ってみる。売ってみないとなにが起こるかわからない。ひょっとしたら破格のプレミア価格がつくお宝フィギュアが紛れ込んでいる可能性だってある。そんな幸運に恵まれたら、株を買う前から幸先の良いスタートとなる。

株は売ってはダメだが（43項参照）、こだわりアイテムはどんどん売ろう。こだわりを捨てたら、人間は一皮むける。そのあとは、何年も何十年もこだわっていたモノが世の中ではたいした価値にならないことを認め、受け入れる。市場原理というものを痛みを伴いながら理解する。その金で株を買う。

きっといい投資家になれる。

36 バイトする

正社員という名の無理ゲーではなく、バイトという名のクソゲーをやってみる

ひきこもり・ニートの読者はガッカリしたかもしれない。「なんだよ。結局働けって話かよ」「株がどうとか、ウソじゃねえかよ。期待させんなよ」と。だが、安心してほしい。僕はひきこもり・ニートが働けるとは思っていない。正確には、長期間安定して働けるとは断じて思っていない。裏を返せば、**ごく短期間であれば働くことが可能**だと思っている。

ひきこもり・ニートの親御さんに「お子さんにどうなってほしいですか？」と希望を聞くと、「ゆくゆくは正社員になって安定してほしい」という安定した答えが返ってくる。世間の無言の同調圧力も同じことを要求しているが、それが無理ゲーであ

ることはすでに述べた。無理ゲーに取り組むことほど虚しく、つらく、つまらないことはない。ひきこもり・ニートに正社員就労を望む人たちは、実際に無理ゲーと言われているゲームをやってみるといい。

無理ゲーを推奨するくらいなのだから、きっと最後までやり遂げるのだろう。

溢れる評論家精神を発揮してもいい仕事

ひきこもり・ニートの中には、社会や他人を批判することをライフワークとしている人がいる。そんなひきこもり・ニートにおススメなのが「覆面調査員」。数ある業者の中から選ぶべきは、現金収入をもらえる会社だ。

たとえば、「ギャップバスター」。

その会社の調査員としてマクドナルドに調査に赴くと、飲食にかかった料金＋700円〜800円あまりが現金で振り込まれる仕組みになっている（2016年

7月現在の東京では770円）。ポイントや金券ではなく現金で報酬がもらえるのは、やっぱり嬉しい。

親に気兼ねせず思う存分マックを食べられ、株をやるための種銭も貯められるし
で、一石二鳥だ。さらに、ひきこもり・ニートのみの特別限定オプションとして、一石三鳥となる要素がある。それは「人と接する練習ができる」ということである。

調査員という仕事柄、店員さんと会話を交わすことになる。人と接するのが極度に苦手なひきこもり・ニートは、他人と話す自分を想像するだけで臆してしまうかもしれない。

だが、心配は無用だ。調査員は店員さんと余計な会話をすることを禁じられている。会話が苦手なひきこもり・ニートにとって、会話が制限されているという状況は願ってもないシチュエーションであろう。

ひきこもり・ニートには「自分から人に話しかけたり話題を振ったりすることはしない、やれない」「人から聞かれたことに一言答えて、会話終了」という特性がある。そういった特性ゆえに他人とうまくやれず、ひきこもりをやっている。だから、

人との交流や雑談を楽しむことはできないけど、人から聞かれたことに一言で簡潔に答えるだけなら十分に可能。「セットのお飲み物はなにに致しますか？」という店員さんの質問に、ビシッと一言で答えてあげよう。

「オレンジジュース」と。

ひきこもり・ニートは匿名であれば強気になる。ツイッターや2ちゃんねるでは堂々と振る舞える。政治家がどうたら○○会社はこうたら、自分のことは棚の最上段に上げて言いたい放題のスーパーフリー。匿名かつ覆面であれば、マクドナルドでも声高らかに注文できるだろう。

2ちゃんねるの元管理人・ひろゆき氏は、「無職で社会的信用が皆無の人」を「無敵の人」と呼んだ。無職で社会的信用が皆無で、匿名かつ覆面、となれば無敵どころか超無敵。

苦境が続くマクドナルドを助けるために、ひきこもりライフで培った評論家精神を思う存分発揮してほしい。社会への鬱屈した不平・不満を、健全な調査・批評という形で昇華し得たとき、一石四鳥の扉がみえてくる。

2ちゃんねるではなく、調査報告書の自由記述欄に、「ポテトが温かい。店員さんも温かい」と堂々と書き込もう。

37 障害年金をもらう

ひきこもりに健常者はいない

2010年の厚生労働省による「ひきこもりの評価・支援に関するガイドライン」によれば、ひきこもり状態にある人は三つの群に分類できるという。ひきこもり状態にある人のうち、3分の1は精神障害者、3分の1は知的・発達障害者、3分の1はパーソナリティ障害者やパーソナリティになんらかの問題がある人、であると公表している。

つまり、厚労省曰く「ひきこもりの中に健常者はいない」ということだ。身も蓋もない発表ではあるが、無理やりポジティブに捉えれば、**ひきこもり・ニートは障害年金をもらえる可能性が高い**とも言える。

障害者の仲間入りをすることに抵抗のあるひきこもり・ニートは多い。代永さん

（仮名・25歳独身男性）は「絶対イヤだ。そうまでして生きていたくない」と言い切っていた。個人的にはそういったプライドは好ましいと思っているし、障害年金目当てのなんちゃって障害者よりはるかに潔いと思う。

そういった人にこちらからなにか言えるとしたら、「80万円の種銭があれば、吉野屋・すき屋・松屋といった大手牛丼チェーンの株はぜんぶ買えるよ」ということくらいである。

どうしても抵抗があるのなら試しに2年だけでいい。障害年金はもらい続けなければいけないなんて決まりはない。160万円の種銭を得るために、投資家として成功するために、2年限定で障害者になってみよう。160万円の種銭をゲットした2年後に健常者に戻ればいい。

障害年金は年額およそ80万円〜100万円

障害年金をもらうためにしておくべき手続きは「20歳になったら国民年金を払うか、免除申請をしておく」ことである。

たまに、未納状態のまま放置している人もいるが、未納だと障害年金がもらえなくなる可能性が生じる。20歳になったら、払えるなら払おう。払えないなら免除申請をしよう。免除できるのは学生か30歳未満の低所得者だ。

もし国民年金を払っていない場合でも、障害年金をもらえる裏ワザを紹介する。一つは「20歳になる前に精神科を受診したことがある」こと。もう一つは「知的障害か発達障害の診断を受けて療育手帳を取得している」ことである。とくに前者は福祉制度利用にあたってVIP待遇となる。(詳細条件等は各自治体によって異なる)。

杉山春氏が著した『家族幻想―「ひきこもり」から問う』の中では、ひきこもりの当事者が数名例として挙げられているが、ほとんどが障害年金をもらっていたり、障害者枠で就労したりしている。

「ひきこもり」に特化した就労枠や経済的な支援サービスはいまのところ存在していない。ないものはないのでグチグチ言っていても仕方がない。

賢いひきこもり・ニートは既存の制度をうまく利用しながら、しなやかにしたたかに生きている。

どうアプローチすれば株をやるのか？

優秀なカウンセラーはほとんど助言をしない。その理由は二つある。

一つ目は「他人から助言をもらう→それに従う」というパターンを相手に学習させてしまう恐れがあるからだ。そうなると、主体的・能動的に自分の人生を生きることに重きを置く臨床心理学に反することになる。

二つ目は、アドバイスがハラスメントとなる危険性を秘めているからだ。助言をするということは、「いまのままのあなたじゃダメだよ」という否定を含むことにもなる。助言が強く多くなればなるほど、ハラスメント度合いも増し、侵襲的となる。

「アルバイトでもしてみたら？」「資格取るといいよ」といった親御さんが繰り出す助言や正論は、すべてハラスメントであり、人格否定となっているのかもしれない。

では、どうすればいいのだろうか？

ひきこもり・ニートに「働いてほしい」「株やってほしい」と思うこと自体は自然なことではあるが、「〇〇してほしい」には、「自分の思い通りになってほしい」というコントロール欲求・支配欲求が含まれていることを認めよう。ひきこもり・ニートが最もイヤがっているのは、働くことでもなく、株でもなく、「コントロールされること」であることを理解しよう。

そして、「支配─被支配」という人間関係ではなく、対等な人間関係を築くよう努めてほしい。これは親御さんにしかできないことである。

対等な人間関係・信頼関係があれば、助言ではなく次のような「相談」や「頼み事」をすることができるようになる。

親「税金払いたくないから、贈与させてもらいたいんだけど、いいかな?」
親「相続税対策で困ってるんだけど、協力してもらえないかな?」
親「お父さん、株やってるんだけどアホだからうまくいかなくて……。助けてもらえないかな?」
子「この本読んで株やってみようと思うんだけど、どう思う?」
子「株やりたいんだけど、贈与してもらえないかな?」

反対に、次のようなアプローチは、ひきこもり・ニートにとっては侵襲的・支配的となるので使用は控えた方がいいかもしれない。

「あなたの名義で株買ってあげる」
「どうせヒマなんだから、株でもやったら?」
「この本に、株やれば自立できるって書いてあったわよ」(と言いながら本書を渡そうとする)

最終章 ひきこもり・ニートの投資戦略

株をやることのメリット・デメリットを理解し株をやると決めた。種銭の用意もバッチリだ。最後に、ひきこもり・ニートは株式投資にどう取り組むべきかという話をする。

この章ではひきこもり・ニートに適したネット証券や株式投資の心構えについて考えていく。

38 ネット証券を利用する

×リアル証券

株を買ったり売ったりするのは、一般の銀行口座ではできない。証券会社に口座を持っている必要がある。

証券会社の中で絶対に選んではいけないのは、第27項で触れたように、リアルな証券マンと接する可能性が生じる金融機関だ。「株に詳しいプロの方と相談して売買をした方が安心なのでは？」という旧世代の価値観は全力でシャットアウト。そういった価値観を流布することで、証券会社は客と金を集めることに成功しているわけだが、はっきり言って、数万〜数百万程度の資産しかない個人投資家はまともに相手にしてはもらえない。

僕の知っている人で大手S証券に1億超のお金を預けている高齢者がいるが、富裕層が集まる晩餐会にお呼ばれし、誕生日には支店長が花束を抱えて直参している。お金があればVIP待遇だが、お金がなければ庶民待遇。ひきこもり・ニートはもちろん庶民待遇だ。

庶民待遇の問題点として、「頻繁に売買を繰り返させ、その都度手数料を取り荒稼ぎ」と一部週刊誌で報道されたこともあった。当然ノルマは課せられてはいるが、証券マンらの本音としては「ショボイ個人投資家に時間を取られたくない」「どうせならVIP級を相手にしたい」という気持ちが見え隠れしている。そのため、「時間をかけてやってるんだから、せめて手数料くらいもらわないと割に合わない」「多少きらわれて、顧客から外れてもらってもいい」と思っているのかもしれない。

ひきこもり・ニートにとっても、ショボイ個人客の相手をしているようなショボイ証券マンと関わるのは、時間の無駄である。時間は人間にとってなにより大切な資産だから、安易に奪われることのないよう、しっかり確保しておくようにしよう。

○ネット証券

人と直に会うのが苦手なひきこもり・ニートは、ネット証券以外の選択肢は考えなくて構わない。「証券会社に口座を開く」というと大げさに聞こえるが、なんてことはない。いつも通り人と交わることなく、ネットでカタカタやればいいだけの話だ。

5大ネット証券と呼ばれる「マネックス証券」「SBI証券」「楽天証券」「松井証券」「カブドットコム証券」。この中から自分で好きに決めよう。そうはいっても、数ある証券会社の中から選ぶとなると、ひきこもり・ニートの「決められなくて、やらない」特性が発揮されてしまう恐れがあるので、一つに絞っておく。あくまで僕の主観と偏見によるものだということはあらかじめご了承頂きたいし、文句があるのなら自分で決めればいいだけの話だということもご理解頂きたい。

「楽天証券」は安心して利用できる証券会社の一つだ。根拠は、僕個人が10年以上使っていて証券会社が原因でトラブルにあったり損失を被ったりしたことがないというのが一番だ。画面も見やすく操作もしやすい。貸株金利サービスも充実していて、金利が5パーセント超の銘柄が複数あるのも嬉しい限りだ。

貸株金利サービスを利用する場合、証券会社がポシャッたら損失を被るのは投資家なので、なるべくポシャらなそうな証券会社を選ぶことになる。楽天証券であれば親会社の楽天株式会社は広く事業展開しているため安心感がある。もしもプロ野球チームを手放すようなら、その時はいろいろ考えた方がいいかもしれないが。

39 NISAを利用する

物事はシンプルに

銀行に普通預金、定期預金等と口座の種類がいくつかあるように、証券会社にも口座が数種類ある。

一般口座、特定口座、NISA……。

やめよう、ストップ！

ひきこもり・ニートや親御さんが、飽きてはなれていってしまう。聞き慣れない言葉を使用することは、人の興味や関心を削ぐのに十分すぎる威力を発揮する。一般の投資指南本では各口座の特徴について書くのが定石だが、ここでは書かない。シンプルにまとめておく。

株を買おうとすると、口座を選ぶ欄が出現するが、一般口座は絶対に選ばない。

ここではまずＮＩＳＡを選ぼう。ＮＩＳＡであれば株を売ったり配当金で儲かったりしても税金がかからないというメリットがあるからだ。もしもＮＩＳＡ枠を使い切ったら特定口座を利用すればよい。

シンプルにまとめると言っておきながらまだまだ不十分。ギリギリまで余分なものを削ぎ落とし減量するとこうなる。

まずはＮＩＳＡ！ その後、特定口座！

一般口座を選択しない理由は、自分で毎年確定申告をすることになるからである。「毎年、小難しいことをやらなくてはならない」はひきこもり・ニートにとってはチョモランマ。ＮＩＳＡか特定口座を利用し、ややこしい手続きの一切から解放されてほしい。

ただしＮＩＳＡにも残念な点がある。一番の理由は、貸株金利を得ることができないということだ。

だから、貸株金利が高い銘柄を買う場合は、ＮＩＳＡではなく特定口座で買っておくというのも一つの手である。

また、貸株金利による収入が年間で20万円以上となると、確定申告をしなくてはならなくなる。ただし、貸株金利だけで年収20万円を達成するとなると、およそ数千万円、少なくとも一千万円程度の資金を要するレベル。ひきこもりニートには、あまり関係のない話かもしれないけど、「貸株金利で年収20万円」は個人投資家が一つの目標とするには適している。

40 日本株だけ買う

分散投資こそがリスク

ひきこもり・ニートは不安の塊だ。

自分の行ったことのない場所へ行くことや、やったことのないことをやろうと考えただけで、不安に押しつぶされて身動きがとれなくなる。文字通り本当にフリーズしてしまう。だから、株をやるなら日本株だけでいい。

日本株以外にも、投資にはいろいろバリエーションがある。外国株、国債、社債、投資信託、REIT、不動産、FX、クラウドファンディング……。巷に溢れる投資指南本では、リスクを軽減するためにも、投資先を複数に分ける「分散投資」が推奨されている。「卵は一つのカゴに盛るな」というやつだ。

投資に慣れてきて、しかも資金が潤沢になっていたら、分散投資を考えてもいいとは思うが、それまでは日本株一本でいこう。

日本株一本といっても、3000を超える選択肢・バリエーションがある。ひきこもり・ニートにとってはこれだけでも選ぶのが至難の業。ワンパターンを好むひきこもり・ニートにとって、選択肢やバリエーションが豊富となる分散投資はかえってリスクとなる。「決められないから、やらない」という最大のリスクを助長するだけなのである。

ひきこもり・ニートが買うべき株

ひきこもり・ニートが株を買うのなら、次の5項目すべてを満たす銘柄をオススメしたい。

①なんとなくでも聞いたことのある企業

②わかりやすく使いやすい株主優待がある（クオカード、飲食券、自社製品）
③数万円～数十万円程度で購入可能（高くても50万円くらいまでが目安）
④海外にも展開しているから日本がポシャっても少しは安心
⑤株価が乱高下しない

具体的な銘柄をいくつか挙げておくので参考にしてほしい。なお、5項目すべてを満たしてはいないが、ひきこもり・ニートに推奨したい銘柄は番外編として示しておく。

株価の上下はあるにせよ、番外編を除く9銘柄をすべて購入するとなると、総額で150万円～250万円程となる。「障害年金2～3年分」「贈与2～3年分」相当で購入可能だ。これだけの銘柄を揃えることができたなら、ひとまずは投資家として安定基盤を築いたといっていいだろう。大きな損失を被ることなく、不労所得をもたらし続けてくれるはずだ。

生涯賃金0のひきこもり・ニートが、年収5桁の「投資家」となる。

堂々と胸をはって、市場を歩こう。

大手牛丼チェーン３社はコンプリートしておく

「国がやってる福祉になんて頼りたくない」「プライドが許さない」というひきこもり・ニートがいる。そんな人は「牛丼福祉」に頼ることにしよう。

◆吉野屋ホールディングス（９８６１）

１００株以上（12万円～16万円）で「３００円分の飲食券10枚」をもらえる。割当基準日（この日に株を持っていれば株主優待がもらえる）が2月と8月なので、「一年で吉野家やはなまるうどん等で６０００円分の牛丼や定食が食べられる」ということだ。一年に2回優待がもらえるのがうれしい。

◆ゼンショーホールディングス（7550）

100株以上（9万円～17万円）で「500円分の優待券2枚」がもらえる。こちらも割当基準日は3月と9月の年2回。つまり「すき屋やココス、はま寿司などで一年で2000円分の飲み食いができる」ということだ。

ゼンショーという社名の由来を聞いたら、ひきこもりニートはイヤがること必至。

◆松屋フーズ（8237）

100株以上（20万円～31万円）で「優待食事券10枚」がもらえる。松屋でタダ飯が10回食べられるということ。「プレミアム牛めし」でも「カルビ焼肉定食」でもOKだ。割当基準日は3月末。無添加にこだわっているため、食にこだわるひきこもりニートに特にオススメしたい牛丼株だ。

人生は生活だ

「死にたくもないけど生きたくもない」と言うひきこもり・ニートであっても、生活は止められない。生活は手ごわい。ここで挙げた3銘柄はひきこもり・ニートの生活をカバーしてくれる。

◆伊藤園（2593）

100株以上（30万円〜45万円）で「1500円相当の自社商品」がもらえる。さらに「自社通信販売製品30パーセント割引き」となる。栄養が偏っているひきこもり・ニートは、野菜ジュースを摂取することで偏食のツケをごまかしたい。普段から野菜ジュース等を買う健康志向のひきこもり・ニートにもおススメ。割当基準日は4月末。

◆キャンドゥ（2698）

100株以上（14万円〜18万円）で「優待券20枚（2000円＋消費税相当）」がもらえる。100円ショップ「キャンドゥ」をはじめとする自社店舗で「2000円＋消費税分」の買い物ができるということ。いまどきの100円ショップはクオリティも高く、生活必需品がなんでも揃う。自分で使う歯ブラシは自分で選んで購入したい。割当基準日は11月末。

◆ミニストップ（9946）

100株以上（15万円〜25万円）で「ソフトクリーム無料交換券5枚」がもらえる。いまではコンビニは社会のインフラとなっているため、ひきこもり・ニートのアセスメントにおいても「コンビニへひとりで行けるか？」は一つのポイントとなっている。コンビニ株の中では比較的お手頃価格で、韓国等にも展開している。割当基準日は2月と8月の年2回。

ひきこもりクオリティ・オブ・ライフの向上を目指す

ひきこもりライフを長期継続し、生活の質を向上させるのに役立つ銘柄たちだ。

◆カドカワ（9468）

ひきこもり・ニートはニコニコ動画が大好き。ヒマつぶしにはピッタリで、有料会員も多い。100株以上（11万～22万円）で「自社子会社の文庫3冊、新書3冊、単行本2冊、映画チケット2枚、電子書籍購入ポイント2500ポイント付与、DVD・ブルーレイ1セット」のいずれかをもらえる。割当基準日は3月。ただし、1年以上継続して保有した株主だけが対象である。3年以上継続して保有するとランクアップする。

◆エステー（4951）

100株以上（9万円～13万円）で「自社製品（日用品）1000円分」がもらえる。

自宅で長く過ごすことが多いひきこもり・ニートにとって衣類防虫剤や消臭剤は欠かせない。長く風呂に入らないでいたり、あまりに臭いに無頓着でいると、専門家からはとりあえず精神障害を疑われることになる。あらぬ疑いをかけられないためにも、悪臭対策は万全にしておこう。割当基準日は3月。

◆ジェイアイエヌ（3046）

「JINS PC」で有名。ブルーライトカットや花粉対策などをウリとする「機能性アイウェア」を販売している。『黒子のバスケ』や『進撃の巨人』など人気アニメとコラボしたメガネも話題。ひきこもり・ニートにとってネット利用時間の削減は困難ゆえ、せめてブルーライトをカットすることで目の健康を守りたい。100株以上（30万円～60万円）で「買物優待券5000円分」がもらえる。割当基準日は8月。

番外編　貸株金利＋αを狙う

ここで挙げる3社は、いま現在貸株金利が高くて、かつ長期保有での値上がり益が期待できると思われる銘柄だ。あくまで僕のアセスメントだが、CYBERDINEとユーグレナに関しては、社長が「突き抜けている」印象を受ける。トップのパーソナリティも銘柄選びの参考にしたい。

◆CYBERDYNE（7779）

サイボーグ型ロボットHALで有名なCYBERDYNEは100株（14万円〜27万円）。貸株金利は1〜5パーセントなので、100株持っていれば、年間数千円がもらえる。一日あたり十数円かもしれないが、目に見えてお金が入ってくる様子がわかるのは嬉しい。いまのところ株主優待はないが、「そのうちガンダムやエヴァを量産するんじゃないか」と夢も膨らむ銘柄。

◆ユーグレナ（2931）

１００株（13万円～20万円）。貸株金利は１～５パーセント。ユーグレナとはミドリムシのこと。動物の持つ栄養素と植物のもつ栄養素、総計59種類を併せ持っている点がウリらしい。株主優待としてはサプリメント等の購入に使用できる「自社製品の割引４０００円分」がもらえるので、健康系ひきこもり・ニートに適している。ミドリムシがジェット燃料の原料になったら爆上げ必至。割当基準日は９月。さらに、１年以上保有の場合、６０００円相当の割引となる。

◆アドバンテッジリスクマネジメント（8769）

１００株（10万円程度）で安定しているが、年に１、２回ドカンと動くこともある。貸株金利は１～２パーセント。株主優待は「自社メンタルヘルスプログラム無料利用権（１年間有効）」。ひきこもり・ニートのメンタルヘルス対策はこれでバッチリ。割当基準日は３月。

番外編　カラオケに行こう

「居場所」で仲間ができると、みんなでカラオケに行くのがひきこもり・ニートの定番コース。スタッフ抜きで行けるようになることが、スタッフにとっては何より喜ばしいことでもある。カラオケに赴く際に「あ、おれ、優待券もってるよ」と言えたらめちゃめちゃカッコいいし、影響を受けて株をはじめる仲間が増えるかもしれない。

◆鉄人化計画（２４０４）

「カラオケの鉄人」をやってる会社。１００株（3万円〜6万円）。株主優待は「自社カラオケ店舗の会員カード、自社グループ飲食優待券５００円分5枚」と充実している。

◆コシダカホールディングス（２１５７）

「カラオケまねきねこ」や「ワンカラ」をやってる会社。100株（16万～24万）保有での株主優待は「5000円相当の優待券、まねきねこオリジナルグッズ、カーブスオリジナルグッズ、まねきの湯オリジナルグッズ」の中からいずれかを選択可能。「まねきねこ」は韓国にも展開している他、女性限定簡易ジム「カーブス」も好調。

◆ラウンドワン（4680）

「ラウンドワン」をやってる会社。カラオケ以外にも、卓球・ダーツ・ビリヤード・ボウリング等、様々なレジャーを提供している。100株（5万～10万）保有でももらえる株主優待は、「500円割引券4枚、クラブカード引換券2枚、健康ボウリング教室優待券1枚」。海外にも展開している。

番外編　ひきこもり・ニートと浅からぬ関連がある銘柄

◆N・フィールド（6077）

精神障害者の訪問看護をしている会社。主な顧客は取りっぱぐれのない生活保護受給者であるため、経営基盤は安定。貧困ビジネスの到達点ともいえる。賃貸物件への入居支援事業なども展開しているので、ひきこもり・ニートがいずれお世話になったときに「ああ、おたくN・フィールドさん？　俺、株主だよ」と共通の話題で盛り上がる可能性あり。100株以上（8万円〜22万円）で「2000円相当のクオカード」がもらえる。割当基準日は12月。

◆LITALICO（6187）

障害者の就労支援を行う「WINGLE」、発達障害特性のある幼児から高校生までを対象にオーダーメイド教育を提供する「Leaf」などを展開。障害者支援には、「国からお金を引っ張れる公金ビジネス」としての側面がある。国がお金を出してくれると、利用者の金銭的・心理的負担が軽くなることから、集客力を高め、かつ客離れが進むリスクを減らす効果がある（医療や介護ビジネスも同じ原理に依っている）。ひきこもり・ニートがいずれお世話になったときに「ああ、おたくLITALICOさん？　俺、株主だよ」と先ほど同様共通の話題で盛り上がる可能性あり。１００株（10万円～15万円）。

◆ＪＫホールディングス（９８９６）

ひきこもり・ニートが大好きな深夜アニメにＪＫは欠かせない。１００株以上（４万円～７万円）で「１０００円相当のクオカード」がもらえる。番外ではあるが、ディフェンシブ銘柄として保有するのもいい。割当基準日は3月。

41 株の勉強はしない

お勉強依存症

ひきこもり・ニートの中には、「モノゴトを基礎からすべて理解しておかないと気が済まない」性質の持ち主がいる。

そのような性質があるひきこもり・ニートは、頭でっかちなその頭をさらにでっかちにすることに時間とエネルギーを費やしているのだが、行動に移されることはほとんどない。

ネットに棲息する思想オタクが論文を発表して哲学業界で活躍することはないし、ミリオタが自衛隊に入隊し日本を護ってくれることもない。あくまで自分を慰めるためだけにお勉強に耽り、完結してしまっている。

たとえ株式投資についてのお勉強をやり込んだとしても、実際に投資デビューするかどうかは疑わしい。「まだまだ勉強が足りない！」「もっと、もっと……！」と不安解消自慰行為としてのお勉強をひたすらシコシコやり続けるだけかもしれない。そんなオナ中ひきこもり・ニートへアドバイス。

自慰行為は人間の成熟に欠かせないし、思春期にはとりわけ重要である。だが、四六時中自慰行為に耽っていたらサルと同じだ。実行に移されることのない思考に耽るのは、自慰行為に耽るのと本質的に一緒。ファンタジーに耽るのは気持ちがいいが、思考は現実化しない。

世間では「自分の頭でモノゴトを考える」ことが重要だと信仰されているが、頭でっかちで動けなくなるリスクこそ自分の頭でしっかり考えておきたい。

自慰行為は控えめに。クリックするのはマウスにしておこう。

書を捨てよ、市場へ出よう

株の初心者向けの本を見ると、人生初めて目にする用語のオンパレードだ。チャート、出来高、移動平均線、テクニカル分析、ファンダメンタル分析、ローソク足、ROE、PBR、PER、トレンド……etc。

自分が知らないモノに強いアレルギー反応を示すのがひきこもり・ニート。未知との遭遇をひたすらかわし続けるのがひきこもり・ニート。だから、株に関する本を読むのはやめておこう。いつも通り未知に怖気づき、「やっぱり、いいや」と逃げてしまうのがオチだ。

小難しそうな分析も一切しなくていい。分析をしていると、さも自分がデキるような気分には浸れるが、それで投資が成功するとは限らない。分析をしてうまくいくくらいなら、みんなうまくいっている。

株はあくまでも、ひきこもり・ニートが「投資家」となり、「不労所得を得る」ための手段に過ぎない。たかが手段を学ぶために時間と労力を費やすのは本末転倒である。

ひきこもり・ニートが時間とエネルギーを注ぐのは、ネトゲだけで十分だ。

ネトゲで廃れて、株で栄えよう。

42 借金、ダメ、ゼッタイ

ギャンブラーは賭ける以前に負けている

「株で失敗して借金まみれ」という人が存在しているらしい。そういった人たちがいるおかげで、株のリスクはなんとなく世の中で知られてはいる。そのため「株はギャンブル」「投資は怖い」というイメージも植えつけてしまっている。

しかし、**株で借金を背負うというのは、本来ならありえない**。なぜなら、保有している株の価値が0になったとしても、マイナスにはならないからだ。借金をして行う「信用取引」をやりさえしなければ借金を背負うことはない。

信用取引とは、「自分が持っているお金や株を担保として証券会社に預けることで、自分が持っているお金以上の株取引が行えるようになるシステム」である。

「自分が持っているお金以上の取引ができるため、うまくいけば大きく稼げるというメリットがあります」という誘い文句に負けた。ついでに株でも負けた。そんな人が「株は怖い」と訳知り顔でモノ申している。

「自分ならイケる！」と勘違いした人間による、負け犬の遠吠えである。

パチンコや競馬、競艇、競輪などのギャンブルには一獲千金を夢見る輩が大集合するが、彼・彼女らには一獲千金以外にも求めているものがある。それは、「一瞬でこれだけ稼げる自分ってすごい！」という感覚であり、心理学業界でナルシシズムや自己愛と呼ばれている類のものである。そういった感覚を欲しがる人は、稼ぎが少なかったり無職だったり生活保護受給中だったり、現実社会ではうまくいっていないことが多い。

一発逆転をし他者からの承認と羨望を受けることで自己愛に浸ろうとするのだが、皮肉なことに一発逆転を狙った時点で自分は負け犬だと証明してしまうことになる。本当にうまくいっている人というのは、一発逆転なんかを狙う必要がないのだから。

信用取引、ダメ、forever

株式投資には、たしかに怖い面もある。しかし、適切にさえやっていれば借金を背負うことはない。適切にやるということは「自分の持っているお金の範囲内で取引をする」ということだ。そのルールを破ると株式投資ではなくギャンブルとなってしまうので、やめておいた方がいいだろう。

そもそも「信用取引」とは、「自分を信用してもらうことでお金を借りる」というものである。永久無職が内定しているひきこもり・ニートが人から信用してもらおうなんて、いまさら虫が良すぎる話ではないだろうか？　なにより、漫画『闇金ウシジマくん』のような借金取りに追われてしまっては、オチオチひきこもってもいられない。

ひきこもり・ニートは現金・現物取引を鉄則としよう。

43 売らない

株を財産として長く持つ

面倒なことが大キライなのがひきこもり・ニート。第14項でも述べたように、人類最大最強の敵「めんどくさい」に絶対服従を誓っているひきこもり・ニートは、売らないでいい株を購入しておこう。売らないでいい株とは、ほったらかしでもオートマチックに利益をもたらしてくれる株だ。第40項を参考にしてほしい。

一度株を「売る」と、もう一度株を「買う」という一手間が増える。一般の読者からしたら、「そんなのが、手間か?」と呆れるかもしれない。しかし、一般人にとってなんてことのない一手間が、ひきこもり・ニートにとっては高尾山登頂に等しいハードルとなることすらあるのである。

損切は失敗を認める練習にはなる

損切とは、保有している銘柄の株価が下がりだしたらすぐに売ることで、それ以上損を広げないようにする勇気ある行為である。しかし、損切はしない方がいい。なぜなら、損切というのは心理的にしにくいことなので、ひきこもり・ニートには苛酷すぎる。ひきこもり・ニートには「自分の判断で失敗したということを受け入れられない」性質が備わっている。それゆえ、判断も決断もしない。損切をするということはすなわち、「自分がその株をそのタイミングで買ったことが失敗であった」と認めることである。奇跡的にはじめた株が失敗体験になってしまっては元も子もないので、損切はやめておこう。

もしも失敗を認める体験をする覚悟があるのなら、やってみるといい。損切体験は人のキャパシティを大きくしてくれる。

44 株価のチェックはしない

株価の乱高下による気分の乱高下

第26項で述べた「元本割れすると情緒不安定になる」のを避けるための最強対策は、「一度買ったら株価を見るのはやめる」ことである。

一般人であっても株価が落ちるとイヤな気持ちにはなるが、それで生活やメンタルが大きく崩れたり、周囲の人に迷惑をかけるようなことにはならない。しかし、ひきこもり・ニートは情緒不安定になる。思い通りにならない株価にイライラし、近親者に当たり散らす。食欲がなくなり眠れなくなり、精神科のお世話になる。

親からもらったお金で株をしている無職の南坂さん（仮名・36歳独身男性）は、株価が下がると父親のせいにし、母親を殴りつけている。

ひきこもり・ニートに株を提案している立場としては、本人も周囲も不幸になるような投資はしてほしくない。だから、株価を見るのは控えておこう。

一度株を購入したら、株価は二度とチェックしない。きれいさっぱり忘れてしまい、放置しておいていい。ニコ動の他に毎日チェックするものが増えたら、一日中ひきこもっていても時間が足りなくなってしまう。デイトレーダーであるなら毎日トレードするのもいいけれど、投資家であれば悠々と構えていればいい。それでもどうしても気になるというのなら、多くて週に1回、あるいは月に1回チェックする程度にとどめておこう。

ひきこもり・ニートのまま、おじいちゃん・おばあちゃんになった時。視力が低下し目が見えなくなってきたその時。放置プレイの成果が見えてくる。

大切なものは目に見えないのかもしれない。

45 株の勉強をしてみる

予習はしない、復習をする

ひきこもり・ニートが株をやる大原則としては、「勉強はしないでいいからとにかくやってみよう」「ごちゃごちゃ言ってないで買ってみよう」というスタンスはあくまで崩さない方がいい。

なぜなら、株をやる前に勉強するとなると、めんどくさがってやらなくなるか、シコシコお勉強に耽ってしまうか、のどちらかに陥ると予想されるからだ。しかし、実際に株を買った後で「いろいろ知りたいな」と興味を抱くひきこもり・ニートもいるかもしれない。そんなひきこもり・ニートのためにいくつか参考書を挙げておく。

念を押しておくが、お勉強するのなら実際に株を購入してからにしておこう。

・三田紀房著『インベスターZ』講談社

モーニング連載のカネマンガ。中高一貫の男子校にある投資部が舞台。株のみならず、お金にまつわるあらゆることを学べる。ホリエモンやいま話題の企業トップ（DMM、ユーグレナ、スタートトゥデイ等）が実名で出演しているのも面白い。著者は『ドラゴン桜』や『エンゼルバンク』などで有名。

・松川佑依子著『手ブラdeビジネス 株入門』東京ニュース通信社

基礎をふんわり。テラスハウスに出演したこともある金融ＯＬさんが著した入門書。コスプレ水着グラビアを多用することで読者を飽きさせない工夫を凝らしている。グラビアを眺めながら株のお勉強までできてしまうという傑作。頭でっかちなひきこもり・ニートには、これくらいが丁度いい。タイトルから膨らんだ期待に沿わず、手ブラのグラビアが掲載されていないのは本当に残念。

・松川佑依子著『OLが考えたお金を増やすたった一つの方法』扶桑社

基礎をふんわり。松川佑衣子氏の著作を2冊推すのは、著者の好みという以外にもそれなりの理由がある。ひきこもり・ニートは世の男性全般が苦手なため、男性が書いた株式投資に関する本は読まないような気がするからだ。その点、20代のゆるふわ女子が株について手取り足取りふんわりと教えてくれるニュアンスの松川氏の著書は、ひきこもり・ニートに最適なのである。

・石野卓著『ニートでアニゲーマーの俺が株をはじめてみた』総合科学出版

就労経験が一度もないニートが著した株の本。「東証一部は由緒正しき名門校」等と株式投資の世界をギャルゲー風に置き換えて親しみやすくしてくれている。アニメやギャルゲーに明るい人であればわかる小ネタが満載。自分の投資実績を「プラスマイナス・ゼロ」と率直に述べているあたりが好ましい。

・『会社四季報』　東洋経済新報社

ひきこもり・ニートの中には、図鑑やカタログの類を愛する人がいる。発達障害的傾向がある人の特性でもあるのだが、株やビジネスで大きく成功する人というのは発達障害的傾向があるとさえ言われることもある。『会社四季報』は株のカタログであり、日本の上場企業すべてを網羅している。季刊で3月、6月、9月、12月の年に4回発売。ミリタリーやアニメキャラ、ゲーム、声優名鑑などの次は、株名鑑である四季報を手に取ってみよう。

世界一幸福なひきこもり

子どもたちに大人気の『妖怪ウォッチ』。主人公の家のクローゼットに住んでいるのがヒキコウモリだ。『妖怪ウォッチ』の中では、「ひきこもりが増え続けている現代社会で力を増している妖怪」とされている。

ヒキコウモリは幸せなひきこもりだ。

デイトレードに励み、妖怪長者番付第二位となった。経済的・金銭的に困ることはないどころか、金で買えないものはない。「落ち着いてひきこもれる自分だけの場所を作りたい」という夢を叶えるためには出費を惜しまない。クローゼット内にシャワー・冷蔵庫・サーバー等を完備。主人公の家の地下には、判明しているだけで58216個のクローゼットを保管している。

自分の「居場所」もばっちり確保。部屋主である主人公からクローゼットにひきこもることを認められている。そして、気が向いたときには主人公やほかの妖怪たちとの交流を楽しんでいる。

ヒキコウモリが幸せなひきこもりである理由はたった一つ。カワイイからだ。カワイイからこそ、周囲からひきこもりであることを認めてもらっているし、友達もいる。

日本のひきこもり・ニートがみんな、ヒキコウモリのように「愛されるひきこもり」となり、ひきこもり状態を続けても生活保護にならない確証が持てれば、支援なんていらなくなる。一つの生き方として世間も認めることになる。

ヒキコウモリこそ、ひきこもり・ニートの到達点なのかもしれない。

エピローグ　100年ひきこもっても、だいじょうぶ

2016年の夏、「家売るオンナ」というドラマが放送された。

北川景子演じる主人公、三軒家万智は凄腕の不動産営業ウーマン。第二話では、ひきこもり息子のいる老夫婦から、家の買い替えの相談を受ける。プレゼン時にう○こを漏らしたことをきっかけにひきこもり状態となった息子は、20年間、一歩も外に出ていない。息子に外に出てほしいと望む親御さんは、ピカピカの革靴を玄関に置き続けている。

親御さんの重い「おもい」を、万智は一蹴する。


「あんな靴は、ますますひきこもりにプレッシャーを与えるだけです」

「ピカピカの靴にひかれて出てくるほど、お宅のひきこもりは甘くない」

「いつまであんなきれいごとやってるんですか！」

支援者のように躊躇することもなく、現実を突きつける。

「このご夫婦はもうわかっている。20年も働いたことがない40半ばの男を無理やり外に出したって、なにもできないってことを」

万智はひきこもり・ニートを否定してはいない。

万智が否定するのは「ピカピカの靴（きれいごと）に逃げ込み現実と向き合おうとしない姿勢」であるが、それは本書と通底している。

最後にもう一度、現実をおさらいしておこう。

ひきこもり・ニートの中から就労・自立する人は100人に1人しかいない。残りの99人はひきこもり・ニートを続けるか、障害者支援制度を利用することになる。

遅かれ早かれ、みんな、生活保護受給者となっていく。

ひきこもり・ニートの中には、いくら頑張っても現行の支援メニューである「就労」や「居場所」とフィットしない人がいる。働けない人もいるし、働きたくない人もいる。人と関われない人もいるし、関わりたくない人もいる。支援に乗れないまま、年を取れば取るほど、ひきこもり期間が長くなればなるほど、ひきこもり・ニートができることは確実に少なくなっていく。最終的には万智が言うように、なにもできなくなっていく。そういった現実をありのままに認識することが、ひきこもり・ニートをありのままに理解することだと僕は思う。できない「就労」はしなくていいし、行けない「居場所」には行かなくていい。

なにより、親御さんや支援者の想定通りにひきこもっている生活はやめてしまって構わない。

親御さんや支援者の期待を裏切るものとして、僕が提案したのは「投資家」になることだ。「家売るオンナ」では、親の資産で賃貸用マンションを購入し、「ひきこもり大家」になるというゴールが描かれている。

僕と万智の提案は、奇しくも一致した。

ひきこもり・ニートが幸せになるたった一つの方法は――

「不労所得を得続ける仕組みをつくることで、経済的自立を『とりあえず』達成してしまうこと」なのである。

本書を読み、株で成功し、「ひきこもり投資家」「リアルヒキコウモリ」等という肩書でメディアを騒がす人が一人、二人と現れること。株以外にも、これまでになかった方法で自立するひきこもり・ニートが出てくること。それが本書に込めた僕の願望だ。それは、全国に100万人以上いるとも言われるひきこもりとその家族、支援者らにとって、新たな成功モデルとなる。そして、成功モデルの選択肢が多様な社会は、豊かで面白い。

末筆ながらお礼を述べたい。

企画のたまご屋さんと出版プロデューサーのたかひらいくみさんは、再チャレンジの機会と的確な助言を与えてくれた。

雷鳥社の柳谷行宏さんと望月竜馬さんは、企画と原稿を丁寧に査定し、ブラッシュアップしてくれた。プロ編集者から頂戴する「いいね！」は、53万「いいね！」に匹敵する戦闘力を誇る。

同じく雷鳥社の中村徹さんによる鬼の校正は、荒削りだった本書の完成度を極限まで高めてくれた。

大湾愛佑乃さんが描くイラストは魅惑的だ。

僕に株をやるよう勧めてくれた元ニートの渡辺亮さんの存在なくして、本書は成立していない。

妻と子どもたちはヒキコウモリに憑りつかれた僕に寛容だ。クローゼットはどうか開けないではもらえないだろうか。

アサーティブな文章を根気強く最後まで読んでくれた読者の忍耐力にはただただ恐れ入る。そのキャパシティがあれば市場では圧勝だ。

ありがとうございました。

※本書で挙げたデータや制度の一切は、すべて2016年7月当時のものである。データや制度に関して微細な誤りがあるかもしれないが、情報の真偽については一つの媒体だけを盲目的に信じることはせず、様々な媒体に自らの労力をもってしてあたり、自分で確認・判断するクセをつけてほしい。それが世間の好物である自己責任というものであり、個人投資家のやり方だ。
（著者の責任逃れでは断じてありません）

主要参考文献

『ドキュメント ひきこもり「長期化」と「高年齢化」の実態』池上正樹（宝島社新書）

『思いつき無職生活 職なしガールの残念だけど悪くない日々』いけだいけみ（KADOKAWA）

『ひきこもりの〈ゴール〉「就労」でもなく「対人関係」でもなく』石川良子（青弓社）

『20代で隠居 週休5日の快適生活』大原扁理（K&Bパブリッシャーズ）

『子どもがひきこもりになりかけたら　マンガでわかる 今からでも遅くない 親としてできること』上大岡トメ（KADOKAWA）

『気づいたら貧困層!?お金を武器に！月々3万円から2000万円作る方法教えます』神戸孝・小久ヒロ（KADOKAWA）

『「ひきこもり」救出マニュアル 実践編』斉藤環（ちくま文庫）

『ひきこもりのライフプラン「親亡き後」をどうするか』斉藤環・畠中雅子（岩波ブックレット）

『若者を殺すのは誰か？』城繁幸（扶桑社新書）

『元ひきこもりニートがリアルに教える！ 脱ニート完全マニュアル』地雷也（メタモル出版）

『高校中退 不登校でも引きこもりでもやり直せる！』杉浦孝宣（宝島社新書）

『最貧困女子』鈴木大介（幻冬舎新書）

『毒になる親 一生苦しむ子供』スーザン・フォワード著／玉置悟訳（講談社＋α文庫）
『あやしい求人広告、応募したらこうなった。』多田文明（文庫ぎんが堂）
『男が働かない、いいじゃないか！』田中俊之（講談社＋α新書）
『ひきこもり脱出支援マニュアル』田村毅（PHP研究所）
『夢、死ね！若者を殺す「自己実現」という嘘』中川淳一郎（星海社新書）
『内定童貞』中川淳一郎（星海社新書）
『中高年ブラック派遣』中沢彰吾（講談社現代新書）
『ルポ中年童貞』中村敦彦（幻冬舎新書）
『女子大生風俗嬢 若者貧困大国・日本のリアル』中村敦彦（朝日新書）
『すべてはモテるためである』二村ヒトシ（文庫ぎんが堂）
『実家からニートの弟を引きとりました。』沼津マリー（KADOKAWA）
『きょうだいリスク 無職の弟、非婚の姉の将来は誰がみる？』平山亮・古川雅子（朝日新書）
『貧困世代 社会の監獄に閉じ込められた若者たち』藤田孝典（講談社現代新書）
『働かない息子・娘に親がすべき35のこと』二神能基・畠中雅子監修（アース・スター・エンターテイメント）

テイメント）
『ニートの歩き方 お金がなくても楽しく暮らすためのインターネット活用法』PHA（技術評論社）
『持たない幸福論 働きたくない、家族を作らない、お金に縛られない』PHA（幻冬舎）
『下流老人 一億総老後崩壊の衝撃』藤田孝典（朝日新書）
『子どもの貧困連鎖』保坂渉・池谷孝司（新潮文庫）
『今日からワーキングプアになった 底辺労働にあえぐ34人の素顔』増田明利（彩図社）
『今日から日雇い労働者になった 日給6000円の仕事の現場』増田明利（彩図社）
『生活"過"保護クライシス（危機） それでも働かない人々』松下美希（文芸社）
『まめきちまめこ ニートの日常』まめきちまめこ（KADOKAWA）
『ひきこもり500人のドアを開けた！ 精神科医・水野昭夫の「往診家族療法」37年の記録』宮淑子（KADOKAWA）
『雇用身分社会』森岡孝二（岩波新書）
『年上の義務』山田玲司（光文社新書）

『ハミ出す自分を信じよう』山田玲司（星海社文庫）
『働かないふたり』吉田覚（新潮社）
『生きるのが面倒くさい人 回避性パーソナリティ障害』岡田尊司（朝日新書）
『隠された社会保障の真実 クイズ あなたの生活破綻度は？ 非正規、年金、消費税、介護……暮らしは大丈夫？』亀岡秀人（ＰＨＰ研究所）
※本文中で記したものは除く。

○おまけ○

ひきこもり投資家としての適性診断

1 働きたくないし、正直、自分が働けるとも思えない。

2 自分だけの世界をもっている。その世界は超狭いけど、快適。

3 めんどくさい。いろいろめんどくさい。

4 絆よりも孤高に憧れる。群れるカラスではなく一匹狼でありたい。孤独死、独居老人なんて怖くもなんともない。

5 お外こわい。外には危険がいっぱいだと思う。

6 ヒマ。

7 「いまの自分ってヤバいよな〜」とたまに落ち込み、毎日ネットをしている。

8 他人や世の中に迷惑をかける人間にはなりたくない。社会から必要とされたい。

9 牛丼が食べたい。

10 親がイケてる。理解もあるし、金もある。

1つ〜3つ当てはまる
投資家には不向き。ふつうに働くか、ふつうにひきこもるより他に道はなし。

4つ〜6つ当てはまる
華麗なる転身を検討する価値あり。最後の質問が決め手となる。

7つ〜9つ当てはまる
投資家適正は十分。市場デビュー後、即戦力としての活躍が期待される。

全部当てはまる
バフェット氏を超えよう。

(ウォーレン・バフェット＝米国でも指折りの投資家。世界長者番付であのビル・ゲイツを抜いて1位になったこともある。)

伊藤秀成（Ito Hidenari）

臨床心理士×個人投資家×作家×プロ無職

1980年埼玉県生まれ、東京在住。

東京都立大学人文学部を卒業した後、聖徳大学大学院臨床心理学研究科修了（修士）。医療法人社団真貴志会南青山アンティーク通りクリニック、医療法人高仁会戸田病院など精神科でカウンセリング・心理検査等に従事する傍ら、医療系専門学校にて心理学の講師を務める。

2012年～2016年にかけて公的機関の「ひきこもり相談員」として仕事をする。

知人の勧めで株をメインとした投資を開始し、投資歴は10年超。2016年現在、1日あたり1万円の不労所得を達成。趣味は漫画。ヤングジャンププレミアム会員。日本臨床心理士会平会員。

ブログ「TOKYOひきこもりカウンセラー」更新中。
http://s.ameblo.jp/hikikomori-neet4141/

（プロフィールは書籍刊行時）

○メールによる無料相談実施中！
購読者限定サービスとして「メールによる無料相談」（一往復）を実施しています。

相談希望者は「購読を証明する写真（書籍を手に持っている姿）」を添付し、①相談内容、②ひきこもり・ニート当事者の生活歴、等を明記の上、以下のアドレスへメール送信してください。なお、お寄せ頂いた相談内容につきましては、人物が特定されないように改変処理を施し、事例としてブログその他に掲載する場合があることをご了承ください。


【著者への相談・連絡先】

hikikomori.neet48@gmail.com

ひきこもり・ニートが幸せになるたった一つの方法

著　伊藤秀成

発行日　2016年10月15日　第1刷発行
発行者　柳谷行宏
発行所　雷鳥社
〒167-0043
東京都杉並区上荻2-4-12
TEL 03-5303-9766　FAX 03-5303-9567
HP http://www.raichosha.co.jp/
E-mail info@raichosha.co.jp
郵便振替　00110-9-97086
印刷・製本　株式会社 光邦

編集・デザイン　望月竜馬
イラスト　大湾愛佑乃

ISBN 978-4-8441-3708-5 C0036